個人事業主とフリーランスの債務整理ハンドブック

野村　剛司 編著

今井　丈雄
大西　雄太
森　　智幸
浅井　悠太
木下　清午
丸島　一浩
尾田知亜記
冨田　信雄

発行 民事法研究会

はしがき

　起業する際、個人事業で始め、事業を継続・拡大する中で法人成りする場合もあれば、個人事業のままで継続する場合もあります。その選択の動機はさまざまだと思いますが、法人格の観点では、個人事業主は自然人（個人）の一つで、法人成りした場合は、法人（会社）とその代表者としての自然人（個人）の二つがあることになります。法人の場合、法人の債務は代表者個人と切り離されますが（経営者保証はありますが）、個人事業主の場合、事業における債務もプライベートにおける債務も法人格が一つですので、すべて個人の債務となります。

　この大前提がある中、事業再生、事業承継、債務整理、倒産処理の分野では、基本的に法人を前提にした議論や制度設計が行われ、その際、個人事業主も対象にはなると案内されますが、実際にどうなのか、となると、エアーポケットのように思われます。

　新型コロナウイルス感染症（COVID-19）が世界中に蔓延した、いわゆるコロナ禍を経たわが国において、令和3年までは、政府が主導する各種コロナ対策により倒産が抑制されていましたが、令和4年以降、倒産事件（特に法人の破産）は増加に転じ、今も増加傾向が続いています。

　このような状況下において、個人事業主の債務整理を検討する際、手続選択が重要となります。従前、個人事業主の債務整理については、筆者編著の『実践フォーラム 破産実務』（青林書院、2017年）において検討し、一口に「個人事業主」といっても、幅広いグラデーションがあり、事案処理における悩ましさを痛感しておりましたが、本書はこの個人事業主の債務整理を真正面から捉え、経営改善、事業承継、事業再生、私的整理、法的整理のとりうる選択肢を示し、考慮要素や留意点を解説しています（メニューを一覧できるように、一冊に情報を集約しました）。

　その中で気になる点としては、近年、準則（ルール）がある私的整理の分

野では、「経営者保証に関するガイドライン」や「中小企業の事業再生等に関するガイドライン」が活用され、これらのガイドラインは個人事業主も対象になるとされています。ただ、これらは主債務者の法人と連帯保証人の経営者を一体処理することを想定した規定ぶりとなっていますので（法人格が二つあることが前提）、冒頭で述べたとおり、すべてが自らの債務となる個人事業主の場合（法人格は一つ）にどのように適用されるのか必ずしもよく見えない状況にあります。今後の実務の積み重ねが待たれるところでもあり、過渡期にあるといえるでしょう。

　また、近時、フリーランスとして働く方も増えており、働き方が広がっていますが、フリーランスも個人事業主と同様に取り巻く状況に変わりはないといえるでしょう。

　本書は、大きく4章構成となっています。第Ⅰ章の個人事業主総論で、個人事業主やフリーランスの特徴と法人の場合との違いを確認し、第Ⅱ章で個人事業主の経営改善、事業承継、廃業の各場面をみます。そして、第Ⅲ章で個人事業主の債務整理の選択肢をあげたうえで、その手続選択と各論を詳論し、最後の第Ⅳ章で個人事業主の債務整理と税務を取り上げます。個人事業主から相談を受けた場合に、全体像がわかるようコンパクトな一冊にまとめております。手続選択、事案処理の一助になればと思います。

　本書の執筆者は、北から、宮城、千葉、東京、愛知、京都、大阪、岡山と全国から集まっています。コロナ禍での企画であったため、オンライン会議を定期的に開催しながらの作業となりましたが、発刊に漕ぎ着けることができました。

　最後に、本企画を快くお引き受けいただいた株式会社民事法研究会と、企画発案から本書の編集までご担当いただいた編集部の南伸太郎氏および椚友輔氏に感謝申し上げます。

　　令和6年3月

弁護士　野村　剛司

『個人事業主とフリーランスの債務整理ハンドブック』
目　次

第Ⅰ章　個人事業主総論

第Ⅱ章　個人事業主の経営改善・事業承継・廃業

第Ⅲ章　個人事業主の債務整理

第1節　個人事業主の債務整理の方法概説

第2節　手続選択

9

第Ⅳ章　個人事業主の債務整理と税務

<h1 style="text-align:center">凡　　例</h1>

【法令等】

民	民法
民再	民事再生法
民執	民事執行法
破	破産法
特調	特定債務等の調整の促進のための特定調停に関する法律
民調	民事調停法
医師	医師法
地税	地方税法
国徴	国税徴収法
国通	国税通則法
所得	所得税法
相続	相続税法
特定調停スキーム（【手引１（一体再生型）】）	事業者の事業再生を支援する手法としての特定調停スキーム利用の手引
特定調停スキーム（【手引２（単独型）】）	経営者保証に関するガイドラインに基づく保証債務整理の手法としての特定調停スキーム利用の手引
特定調停スキーム（【手引３（廃業支援型）】）	事業者の廃業・清算を支援する手法としての特定調停スキーム利用の手引
経営者保証ガイドライン	経営者保証に関するガイドライン
経営者保証ガイドライン Q&A	「経営者保証に関するガイドライン」Q&A
自然災害ガイドライン	自然災害による被災者の債務整理に関するガイドライン
自然災害ガイドライン Q&A	自然災害による被災者の債務整理に関する

14

<table>
<tr><td></td><td>ガイドライン Q&A</td></tr>
<tr><td>コロナ特則</td><td>「自然災害による被災者の債務整理に関するガイドライン」を新型コロナウイルス感染症に適用する場合の特則</td></tr>
<tr><td>コロナ特則 Q&A</td><td>「自然災害による被災者の債務整理に関するガイドライン」を新型コロナウイルス感染症に適用する場合の特則 Q&A</td></tr>
</table>

【文献】

民集	最高裁判所民事判例集
金法	金融法務事情

▼第Ⅰ章▼

個人事業主総論

1　個人事業主とは

(1)　総　論

　個人事業主とは、文字どおり「個人」で「事業」を行っている者をいいます。事業を行う者には、「法人」と「個人」があります。「法人」は法律によって人格が与えられた者で、株式会社、有限会社、合同会社などがありますが、「個人」は、屋号を用いることはあっても、かかる法人格をもっていません。「事業」とは反復、継続、独立している仕事のことをいいます。「反復」とは、その仕事を繰り返して行うことです。たとえば、店などの小売業であれば、商品を取引先から仕入れて、客に販売するという行為を繰り返して行うことをいいます。「継続」とは、その仕事を引き続いて行うことです。たとえば、家にある不用品をインターネット・オークションなどで販売する場合は、その1回だけですので継続とはいわず、事業にはなりません。「独立」とは、かかる事業について、どこの組織にも雇用されていないことです。たとえば、サラリーマンは会社という組織に所属し、給料をもらいます。このように給料を得ることは事業とは異なります。

　内閣府の「政策課題分析シリーズ17」[2]によれば、多様で柔軟な働き方を模索する中で、副業を容認する企業の増加、個人事業主が案件を獲得しやすいクラウドソーシングやSNS等のツールの増加、新型コロナウイルス感染症の影響やワーク・ライフ・バランスを求める主婦等の在宅ワークのニーズの高まり等の影響を受けて、雇用契約によらない働き方をする者、いわゆるフリーランスが増加しています。一口に個人事業主といっても、本業か副業か、従業員がいるかいないか、士業、理容師・美容師、大工、飲食店等の伝統的自営業か否か、年齢、地域等によってそのあり方は多種多様であり、そ

1　平成18年の改正会社法施行に伴い、現在は有限会社を新しく設立することはできません。
2　内閣府ウェブサイト「政策課題分析シリーズ17　日本のフリーランスについて」（令和元年7月）を参照してください。

の定義づけが難しいこともあってか、公的統計やデータがこれまで整備され
にくい状況にあり、制度の狭間に陥ることもあります。しかし、近年フリー
ランス³として働く者の存在感が大きくなっていることを受け、看過できな
い状況にあります。

> ## コラム
>
> ### フリーランスと個人事業主
>
> 　昨今、働き方の多様化が進み、個人が「働く時間や場所を自由にしたい」と
> いった理由から、Instagram 等を活用して、それぞれのニーズに応じた働き方
> を柔軟に選択できるフリーランスという選択をする人が増えています。フリー
> ランスといっても、柔軟な働き方を選択している人の総称であるため、多種多
> 様ではありますが、税務署に開業届を提出し、「個人事業主」として事業を営
> んでいることが多く、この場合には、フリーランスの方にも本書が活用可能で
> す。なお、フリーランスのうち、従業員を使用しておらず、かつ、消費者を相
> 手に取引をしていない者については、「特定受託事業者」として「特定受託事
> 業者に係る取引の適正化等に関する法律」（フリーランス・事業者間取引適正
> 化等法）が適用される予定であり、このことからもフリーランスとして働く個
> 人事業主が今後も増加していくことが見込まれます。

（2）　個人事業主の業種による特殊性

　業種によって個人事業主を選択することになるケースとしては、以下のよ
うなものが存在します。

①　社会保険加入の特例がある

　　理容・美容業などの生活衛生業、建設業（一人親方）

3　令和5年5月12日に、個人が事業者として受託した業務に安定的に従事することができる環境を整備す
べく、特定受託事業者に係る取引の適正化等に関する法律（フリーランス・事業者間取引適正化等法）が公
布されました。施行日は、2024年秋頃（公布の日から起算して1年6カ月を超えない範囲内において政令で
定める日）とされています。

② 業法の制約がある

　医師、士業

③ 法人所有に名義を変える際の税負担がネックになりうる

　不動産賃貸業

⑶　個人事業主の特徴

　個人事業主は、屋号があったとしても、個人の名義で事業を営むことになり、すべての法律関係・契約関係は当該個人自身に帰属しますので、事業資産と事業外資産、事業用負債と事業外負債とを分けることが難しいのが特徴です。たとえば、事業用の借入れであったとしても、その借入人は当該個人であり、事業外で購入するに至った自宅の住宅ローンの借入人と同じです。

　それゆえ、経費についても、個人名義のクレジットカードから事業のための支払いと事業外のための支払いを行ったり、自宅の一部を事業にあて、それにかかる費用を経費として支出したり、私的な支出と混同しやすく事業資産と非事業用資産の分別管理がしにくい状況にあります。

　また、自身の所得も帳簿上の経費として計上されないため（売上から経費を差し引いた残りが所得になるため）、実態としていくら利益が出ているのか、個人事業主が自ら把握しにくい状況にあるのが特徴といえます。

〈図1〉 個人と法人の違い

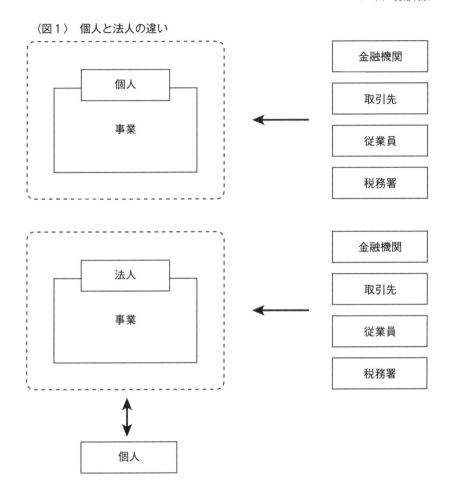

⑷ 資格制限

㈦ 欠格事由（公法上の資格制限）[4]

　破産手続開始決定を受けて復権しないと欠格事由になる資格としては以下のようなものがあります。

　弁護士（弁護士法7条4項）、公証人（公証人法14条2項）、司法書士（司法

4　野村剛司＝森智幸『倒産法講義』（日本加除出版、2022年）324頁。

書士法 5 条 3 項）、税理士（税理士法 4 条 2 項）、公認会計士（公認会計士法 4 条 4 項）、社会保険労務士（社会保険労務士法 5 条 2 項）、不動産鑑定士（不動産の鑑定評価に関する法律16条 2 項）、警備業者、警備員（警備業法 3 条 1 項・14条 1 項）、生命保険募集人、損害保険代理店（保険業法279条 1 項 1 号）、宅地建物取引業者、宅地建物取引士（宅地建物取引業法 5 条 1 項・18条 1 項 2 号）、建設業（建設業法 8 条 1 項・17条）、貸金業者（貸金業法 6 条 1 項 2 号）。以上が、欠格事由とされているものです。

㈤ 私法上の資格制限

就任が制限されているものとして以下のようなものがあります。

成年後見人（民847条 3 項）、成年後見監督人（民852条・847条 3 項）、保佐人（民876条の 2 第 2 項・847条 3 項）、保佐監督人（民876条の 3 第 2 項・847条 3 項）、補助人（民876条の 7 第 2 項・847条 3 項）、補助監督人（民876条の 8 第 2 項・847条 3 項）、遺言執行者（民1009条）。以上が、就任が制限されているものです。

コラム

小規模企業者と小規模事業者

　個人事業主が該当することが多いものの、よく似ていて紛らわしい概念として、「小規模企業者」と「小規模事業者」とがあります。

　まず、小規模企業者については、中小企業基本法 2 条 5 項に規定されているものであり、定義は「おおむね常時使用する従業員の数が20人（商業又はサービス業に属する事業を主たる事業として営む者については、5 人）以下の事業者をいう」とされています。「企業」とされていますが、条文上は「事業者」とするのみであり、法人に限定はされていません。また、これ以外にも、小規模企業共済法（こちらも、個人も含むことが、同法 3 条 2 項などで明らかにされています）や、同法を受けて独立行政法人中小企業基盤整備機構法（同法 2 条 4 項）に定められています。

　一方で、小規模事業者については、「商工業者」（商工会法 2 条参照。なお、同条 1 号から 3 号までと 4 号とが別個に存在していることによって、個人も含

むことが明らかにされています）のうち、一定の要件を満たすものをいうとされています（商工会及び商工会議所による小規模事業者の支援に関する法律2条）。所得税法67条、所得税法施行令195条にも登場します。

　これらは、上記のとおり法令上の定義が存在しているものですが、定義が微妙に異なっていたり、各種施策の支援対象としては場面によって使い分けをされていたりすることがあるため、補助金や助成金をはじめとした各種支援施策を利用するときには、これらの区別に留意をしましょう。たとえば、中小企業庁ウェブサイトでは、中小企業基本法の「小規模企業者」に含まれる農林漁業者、医師は、商工会及び商工会議所による小規模事業者の支援に関する法律の「小規模事業者」には含まれないという例があげられています（これは、商行為でもなければ店舗その他これに類似する設備によって物品を販売することを業とするわけでもないため、「小規模事業者」の定義のうち「商工業者」に該当しないためと思われます）。

【小規模企業者】	【小規模事業者】
〈中小企業基本法2条5項〉 この法律において「小規模企業者」とは、おおむね常時使用する従業員の数が20人（商業又はサービス業に属する事業を主たる事業として営む者については、5人）以下の事業者をいう。	〈商工会及び商工会議所による小規模事業者の支援に関する法律2条〉 この法律において「小規模事業者」とは、商工会法（昭和35年法律第89号）第2条に規定する商工業者で、常時使用する従業員の数が次の各号に掲げる区分に応じ当該各号に定める数以下のものをいう。 　一　製造業その他の業種（次号に掲げる業種及び第3号の政令で定める業種を除く。）に属する事業を主たる事業として営むもの　20人 　二　商業又はサービス業（次号の政令で定める業種を除く。）に属する事業を主たる事業として

営むもの　5人

三　政令で定める業種に属する事業を主たる事業として営むもの　当該業種ごとに政令で定める数

〈商工会法2条〉

この法律において「商工業者」とは、次のいずれか一に該当する者をいう。

一　自己の名をもつて商行為をすることを業とする者

二　店舗その他これに類似する設備によつて物品を販売することを業とする者

三　鉱業を営む者

四　会社

〈小規模企業共済法2条1項〉

この法律において「小規模企業者」とは、次の各号のいずれかに該当する者をいう。

一　常時使用する従業員の数が20人以下の個人であつて、工業、鉱業、運送業その他の業種（次号に掲げる業種及び第3号の政令で定める業種を除く。）に属する事業を主たる事業として営むもの

二　常時使用する従業員の数が5人以下の個人であつて、商業又はサービス業（次号の政令で定

〈所得税法施行令195条〉

法第67条第1項（小規模事業者等の収入及び費用の帰属時期）に規定する政令で定める要件は、次に掲げる要件とする。

一　その年の前々年分の不動産所得の金額及び事業所得の金額（法第57条（事業に専従する親族がある場合の必要経費の特例等）の規定を適用しないで計算した場合の金額とする。）の合計額が300万円以下であること。

二　既に法第67条第1項の規定の適用を受けたことがあり、か

める業種を除く。）に属する事業を主たる事業として営むもの

三 常時使用する従業員の数がその業種ごとに政令で定める数以下の個人であつて、その政令で定める業種に属する事業を主たる事業として営むもの

四 前3号に掲げる個人の営む事業の経営に携わる個人（前3号に掲げる個人を除く。）

五 常時使用する従業員の数が20人以下の会社であつて、工業、鉱業、運送業その他の業種（次号に掲げる業種及び第7号の政令で定める業種を除く。）に属する事業を主たる事業として営むものの役員

六 常時使用する従業員の数が5人以下の会社であつて、商業又はサービス業（次号の政令で定める業種を除く。）に属する事業を主たる事業として営むものの役員

七 常時使用する従業員の数がその業種ごとに政令で定める数以下の会社であつて、その政令で定める業種に属する事業を主たる事業として営むものの役員

八 特別の法律によつて設立された中小企業団体（企業組合、協業組合及び主として第1号から

つ、その後同項の規定の適用を受けないこととなつた者については、再び同項の規定の適用を受けることにつき財務省令で定めるところにより納税地の所轄税務署長の承認を受けた者であること。

第3号までに掲げる個人又は前3号に規定する会社を直接又は間接の構成員とするものに限る。）であつて、政令で定めるものの役員	

2　個人事業主と法人の違い

　個人が事業を行うにあたっては、大きく分けて個人事業主として行うのか、会社を設立して法人格を取得して行うのかの二つの選択肢があり、その主な違いは以下のとおりです。ここでは、法人の典型例である株式会社を念頭において比較します。

(1)　設立時

　株式会社は、株主が出資をして設立します。会社法や商業登記法等に従って、定款等の作成を行い、設立の登記をします。資本金自体は1円でも設立ができるとされていますが、定款の認証を受ける際の公証役場に納める費用や設立の登記に必要な費用がかかることから、20万円から30万円ほどの費用が必要です（実務上は、株式会社名義の銀行口座を開設するために100万円から300万円程度の資本金を求められる場合などもあります）。

　これに対し、個人事業主は所轄の税務署に「開業届」[5]を提出すればよく、登記をするなどの手間や費用はかかりません。屋号で銀行口座を開設する人もいますが、個人名義の銀行口座を事業用として使用している人も多くいます。

5　国税庁ウェブサイト「個人事業の開業届出・廃業届出等手続」を参照してください。

⑵ 事業承継時

　株式会社の場合、それが発行する株式のすべてを譲渡することにより、その株式会社で営む事業のすべてを一体として第三者に譲渡することができます。

　これに対し、個人事業主の事業を譲渡するにあたっては、当該個人の個性に事業モデルが依存しているケースも多いことから、譲受先を探索すること自体が困難であることが予想されます。また、譲受先が現れた場合でも、事業用資産と非事業用資産を区別することが困難である事例が多いうえ、事業に関する契約、口座等の名義変更をすべて個別に行わなければならず、手続上煩瑣であり、場合によっては取引先等から名義変更を断られることも想定されます。

⑶ 廃業時

㋐ 資産超過の場合

　株式会社の場合は、会社法に従って解散や清算の手続を行う必要があり、株主総会を開催したり、登記手続を行う等清算結了までに時間と費用を要します。

　個人事業主の場合は、必ずしも事業用の資産等を換価する必要はなく、不要な契約等を解約し、支払いを完了させ、税務署に廃業届を提出すれば足ります。

㋑ 債務超過の場合

　株式会社の場合は、法人は法的整理として破産法に基づく破産手続、会社法に基づく特別清算手続、中小企業活性化協議会や特定調停を利用した私的整理手続により債務整理を行います。そして、その代表者であり、一般的に株式会社を主債務者とする債務について連帯保証債務を負っている個人は、経営者保証ガイドラインによる債務整理を行い、破産手続や個人再生手続といった法的整理を回避することができる可能性があります。

　これに対し、個人事業主の場合、事業用の借入れは、連帯保証債務ではなく、自らを主債務者とする借入れであるため、経営者保証ガイドラインを活用して債務整理を行うことができません。そのため、基本的には個人再生手続または破産手続により債務整理を行うことになります。

(4)　税のしくみ

　個人事業主と株式会社に課せられる税金の種類は以下のとおりです。

〔表1〕　個人事業主と株式会社に課せられる税金

		個人事業主	株式会社
国税		所得税	法人税
		消費税	消費税
		特別復興所得税	法人特別所得税
地方税		個人住民税	法人住民税
		個人事業税	法人事業税
		地方消費税	地方消費税

㋐　法人税と所得税

　株式会社の場合は、税引前当期純利益をベースに算出される法人の企業活動により得られる所得に対して法人税が課せられます。法人税は、資本金の額、年間所得金額で税率が変動しますが、最大税率は23.4％です。

　これに対して、個人事業のみを営んでいる場合、1月1日から12月31日までの売上合計額から必要経費を引いた事業所得に所得税が課せられます。所得税は累進課税であり、所得が高くなればなるほど税率が高くなり、最も高い税率は45％です。そのため、個人事業主の場合、事業が黒字であり、利益が出れば出るほど税金として徴収されてしまいます。

㋑　その他の税務上の違い

　法人税・所得税のほかにも、株式会社の場合、代表者自らの給与（役員報酬）も株式会社の経費として計上することができ、当該給与（役員報酬）については給与所得控除も適用されるため、法人と個人への所得の分散が可能

ですが、個人事業主の場合、給与所得控除がありません。

　また、株式会社の場合、自身が退任する際には株式会社から退職慰労金を支給することも考えられますが、個人事業主の場合、退職慰労金の概念がありません（ただし、小規模企業共済等の別の制度で補う場合があります）。

3　個人事業主か法人の設立か

(1)　法人設立のメリット

　「法人成り」という言葉があるとおり、個人事業主は、前述の税務面がフォーカスされ、所得が低い場合は有利であり、所得が高い場合は不利であると一般的に考えられ、個人事業主で開業し、所得が増加した場合には法人を設立する傾向があります。

　もっとも、法人にはそれ以外のメリットも存在します。

① 　信用力の向上

　　法人と取引する際、個人事業主よりも法人のほうが仕事につながりやすいケースがあります。中には、社内手続の煩雑さから個人事業主との取引はしないという会社もありますし、銀行等からの資金調達も、医師・歯科医師等の専門職を除き、個人事業主のほうが難しい傾向にあるといえます。

② 　個人と法人の分離

　　法人で行った事業内容について、法人代表者は原則として個人責任を負いません（有限責任）。金融借入れの際に連帯保証した場合には、当該保証契約に基づき返済義務は負いますが、近時は経営者保証ガイドラインを利用した保証解除も可能となっています。他方で、個人事業主の場合には、事業で生じた債務はすべて個人の負担であり直接の責任を負います。特に、労働債務や租税債務は破産しても免責されることはありません。

〈図2〉　個人事業主と法人のメリット・デメリット比較

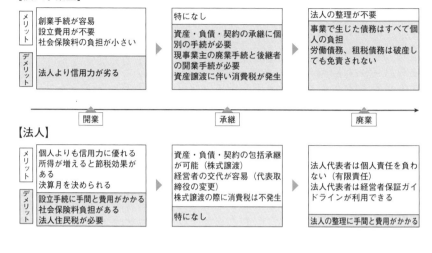

(2)　個人事業主を選択する理由

個人事業主を選択しているケースとしては、以下のような場合がみられます。

① 事業の将来設計で組織拡大を目的としていない（家族経営や小規模安定経営をめざしている）ケース

② 利益額からして税務上のメリットに達していないために個人事業を選択しているケース

③ 社会保険料負担の増加を回避しているケース

④ 税務申告や帳簿要件のハードル（手間や費用）を回避しているケース

⑤ 法人より個人のほうが税務調査を受けにくいという風説を信じているケース（時折、出会います）

⑥ 積極的に選択しているわけではないが、法人化が心理的ハードルになっているケース

⑦ 事業主が別の組織に属しているため、副業として選択または個人の給

与所得圧縮（節税）のために副業を行っているケース

(3)　選択の視点

　個人事業主は、法人と比較して、開業手続が容易であり、設立費用も不要で、社会保険料の負担などのランニングコストが小さいというメリットは確かにありますので、個人事業主のままでいることも一つの選択肢だといえます。

　ただ、事業で生じた債務はすべて個人の負担となり、労働債務や租税債務は免責の対象とならないことを考えると、事業を営むときには個人と法人を分離して事業に挑戦できる（→47頁参照）、法人という制度は非常によくできた制度だともいえるでしょう。また、個人事業主として事業を営むとしても、どこかのタイミングでその事業を承継したり廃業したりする必要が出てきます。

　個人事業主で事業を継続するのか、それとも法人成りするのかで迷われている経営者の方がいらっしゃいましたら、アドバイザーの皆さまにおかれては本書もご参照いただきつつ、いずれがその事業体にとって最適かをご検討いただければと思います。

　事業承継や廃業の際に抑えておくべきポイントは、事業承継につき第Ⅱ章2で、廃業につき第Ⅱ章3で詳しく解説しておりますので、そちらもご参照ください。

▼第Ⅱ章▼

個人事業主の経営改善・
事業承継・廃業

1　個人事業の経営改善

(1)　総　論

　個人事業主の場合、事業環境が悪化し、窮境状態に陥ったとしても、次のような事情から、私的整理による抜本的な債務整理（債権カットを伴う経営改善）が困難なことも多いと思われます。すなわち、債務者である個人事業主サイドとしては、抜本的な債務整理を行うだけのサイズ（事業規模・事業価値・コスト負担能力など）がないことが多く、金融機関サイドとしても、融資規模がさほど大きくなければ、制度融資や物的担保で融資がほぼ全額保全されていることもままみられ、そうすると特にメインバンクは、抜本的な経営改善支援のインセンティブが低い傾向にあることになります。専門家サイドとしても、同様に、個人事業主は事業規模が小さく、負担できるコストに限界があるため、業務として関与しにくいという側面があります。各種支援機関としても、当該事業の属人性の高さ（収益力や事業用資産・負債が個人に強く紐づいている）や支援手法の少なさから、できる支援が限定されかねません。

　一方で、事業用資産が破産財団を構成して換価対象となってしまう可能性や信用不安、業種によっては破産手続開始決定による資格制限（→5頁参照）などもあることを考えると、できる限り法的整理による債務整理、特に安易な破産の選択は避けたいところです。

　そこで、抜本的な債務整理が必要なほどに窮境に陥る前に、早期に経営改善を試みることが有用といえます。

(2)　個人事業主の経営改善の視点

㋐　「経営改善」の視点

　経営改善ができなければ、債権カット「だけ」をしてもいずれ立ち行かなくなってしまいます。経営改善によってキャッシュフロー・収益力が改善す

れば、債権カットをしなくとも事業を立て直せる可能性があります。事業を譲渡・承継する場合も、たとえば利益が出ず赤字続きの事業では、引継ぎ先の探索は非常に困難となりますので、事業譲渡前に経営改善を図る必要があります。

したがって、窮境に陥る前の早期の支援が重要であるとともに、債務整理する場合にも（事業継続が前提なら）、債務整理と並行して経営改善を試みることが理想といえます。この点については、個人事業主の場合と法人の場合とで、違いはありません。

資金繰り支援等については、令和4年3月に公表された「中小企業活性化パッケージ」[6]、そしてその発展版として、令和4年9月に公表された「中小企業活性化パッケージNEXT」[7]によって、支援施策も整備されました。令和5年8月に公表された「挑戦する中小企業応援パッケージ」[8]では、さらなる支援施策も打ち出されています。

中小企業の生産性向上については、中小企業白書などでも繰り返し取り上げられ、過去には生産性向上特別措置法（令和3年6月に廃止）、現在は中小企業等経営強化法などにより、一定の要件を満たせば先端設備の導入に伴う税制支援や金融支援を受けられる制度（「先端設備等導入計画策定の手引き」参照）も登場してきているため、これらの制度の利用も検討するとよいでしょう。

㈣ 「個人事業主」の視点

法人と異なり、個人事業主の場合、専門家による支援を受けたことのない事業主も多いため、実効的な経営改善のためには、いかに専門家による支援につなげるかがポイントとなります。一方で、個人事業主は事業規模が小さく、負担できるコストに限界があることも多いでしょう。そのため、法人以上に、支援方法の選択が重要となってきます。

---

6 タイトルは「中小企業」ですが、個人事業主も対象に含まれています。
7 いずれも経済産業省ウェブサイトを参照してください。
8 経済産業省ウェブサイト「挑戦する中小企業応援パッケージ」を参照してください。

　また、そもそも個人事業主のまま経営改善を行うのではなく、法人化などにより規模の拡大ないしは組織化することで事業の担い手を増やし、経営を合理化することで、前述の事業の属人性の高さを緩和することも検討に値するでしょう。

(3)　個人事業主の経営改善の手法

㈠　経営改善先の見極め

　まずは、当該事業に関し、いわゆるBS改善（債権カット）まで必要なのかどうかを見極めることになります。

　主な観点としては、数カ月先までの資金繰りが維持できるかどうかと、金融債務返済のリスケジュールをすれば将来的に当該返済を再開できるような見通しが立てられるかどうかがポイントとなります。金融債務返済の「リスケジュール」とは、金融機関との合意に基づき、金融負債の元金・利息の返済ペースを変更することで企業のキャッシュフローを改善する手法のことをいいます。リスケジュールのために金融機関に対して一定の経営計画の策定・提出が求められることもあります。経営計画策定期間中は金融機関に対する元金（場合によっては利息も含む）の返済を一時的に停止することができるケースもあります。計画に従って、返済期間の延長や、制度融資などの低利の融資への巻替えなどを行い、毎月の返済額を抑えることが可能です。弁護士といえども、BS改善の要否についての大まかな見通しが立てられる程度には、財務・会計の知識や感覚は備えておくことが有用でしょう。具体的な内容は、下記㈢とその参考文献を参照してください。

㈢　経営改善のための支援手法・支援主体と検討順序

㈠　支援手法

　主な手法として、①収益力・資金繰りの改善、②商取引以外の金融債務返済のリスケジュール、③金融債務の放棄という順に検討することになりますが、ここでは主に①・②が対象となります。[9]

9　そのほか、専門家による経営改善の手法については、基本的には法人に対するものが念頭におかれてい

⒝　支援主体

　以下の支援機関による支援が考えられます。総じて、無料で受けられる公的支援は専門家による代理・代行が期待できないため事業主自らが頭や手を動かす必要があるのに対し、有料で受ける民間専門家によるサービスは、ある程度業務を任せられるのが特徴といえます。そのため、事業主が現在どのような支援を必要としているか、そしてかけられるコストと事業主自身のスキルとのバランスで、どの支援機関による支援を受けるのかを決定していくことになります。

①　公的機関：中小企業活性化協議会[10]、よろず支援拠点[11]、都道府県中小企業支援センター

　　これらの公的機関に相談すると、専門家派遣、各種補助金受給に向けたアドバイスの提供、リスケジュールや経営改善計画策定[12]の支援、あるいはそれらに向けた助言を受けられます。また、よろず支援拠点ではさらに幅広に、広報やマーケティングなどの売上拡大・販路開拓に直結するような支援も受けられます。公的機関からの支援を受ける場合は、補助金を利用できる場合もあります。

②　商工団体：商工会議所、商工会

　　個人事業主が商工団体の会員であれば、その経営相談会に参加したり、各種経営指導員に経営相談をしたり、専門相談窓口での相談をしたり、行政による各種支援施策の案内を受けたりすることができます。商

ますが、タックス・ロー合同研究会編『「中小企業の事業再生等ガイドライン」対応——事業再生・廃業支援の手引き』（清文社、2022年）132頁以下、坂部達夫ほか編『顧問先等の経営危機対応マニュアル——現状確認・資金確保・経費見直し・再建と清算』（新日本法規出版、2022年）、日本政策金融公庫中小企業事業本部企業支援部『金融機関が行う経営改善支援マニュアル〔第3版〕』（金融財政事情研究会、2019年）などを参照してください。
10　支援内容については、中小企業庁ウェブサイト内の中小企業活性化協議会のページを参照してください。本書50頁も参照。
11　都道府県によって在籍するコーディネーターとその得意分野が異なるため、具体的な支援内容は、当該地域のよろず支援拠点のウェブサイトを参照してください。
12　作成プロセスの参考として、藤原敬三『実践的中小企業再生論——「経営改善計画」策定の理論と実務〔別冊版〕』（金融財政事情研究会、2013年）を、成果物の例として、中小企業活性化協議会ウェブサイトに掲載されている「経営改善計画書」サンプルを参照してください。

団体においては、同業者の先輩経営者等、経営者間での情報交換の機
会があることも特徴といえます。

③　金融機関：特にメインバンク、政府系金融機関、保証協会[13]

金融機関はそれぞれ本業支援のためのメニューを用意しています。個
人事業主が金融機関の担当者とともに、経営課題の洗い出しや課題解
決、必要に応じて金融負債の返済のリスケジュールやニューマネー調達
をめざすことになります。経営上の課題が明確になると、金融機関から
当該課題解決が得意な専門家や適切な支援機関の紹介を受けられること
もあります[14]。各地の保証協会は、外部専門家派遣のための個別支援制
度を準備していることが多く、原則無償にてサービスを受けられる場合
があるので、これらを活用することも検討しましょう。

④　士業：税理士・公認会計士・中小企業診断士（特に顧問税理士）

各士業は、各自の専門性を活かして事業者向けに支援を行うことがで
きます。個人事業主は各士業に依頼して各士業の専門分野の支援を受け
られます。単発での経営相談という形で専門士業が関与することは少な
く、一定の期間、課題解決のための継続的支援を受ける形になることが
多いと思われます。各種士業による支援を受ける場合であっても、公的
な補助金を利用できる場合もあります。

⑤　コンサルタント

主としてビジネス・経営面の見直しに有用ですが、コンサルタントに
よって専門分野や得意な業種業態がありますので、その専門性の見極め
が求められます。

支援主体の選択の際に参考になる一つの指標として、中小企業庁ウェブサ
イトで公表されている2020年版「小規模企業白書」の第3-2-28図（Ⅲ－52頁）
があります。次頁のとおり、事業者側からみた「重要と考える経営課題と最

13　詳細については、日本政策金融公庫中小企業事業本部企業支援部・前掲（注9）を参照してください。

14　令和6年3月8日公表の「再生支援の総合的対策」では、事業者に対する民間金融機関の支援の強化がう
たわれています。

も期待する相談相手」のデータが示されています。

　また、同2020年版「小規模企業白書」の第3部第3章第1節（Ⅲ－95頁以下）では支援機関ごとの特徴がまとめられていますので（次頁に第3-3-7図を抜粋しておきます）、これらも参考にしつつ、どのような課題について、どの支援機関によるどのような支援を受けるか検討していくことになるでしょう。

〈図3〉　重要と考える経営課題と最も期待する相談相手

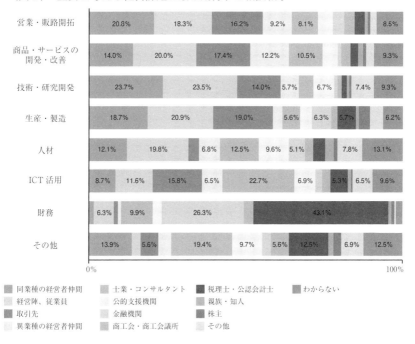

資料：㈱野村総合研究所「中小企業の経営課題と公的支援ニーズに関するアンケート」
（注）1.重要と考える経営課題は、直面する経営課題のうち、上位三つまでを確認している。ここでは上位3位までを集計。
2.各回答数(n)は以下のとおり。営業・販路開拓：n=2,299、商品・サービスの開発・改善：n=1,243、技術・研究開発：n=841、生産・製造：n=1,239、人材：n=2,642、ICT活用：n=449、財務：n=1,283、その他：n=72。

2020年版小規模企業白書　第3-2-28図

〈図4〉　最も強みを発揮できる経営課題の分野（属性別）

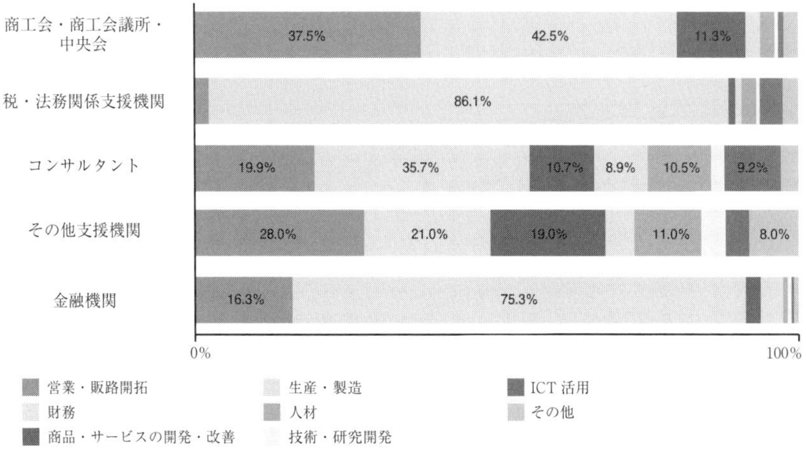

資料：㈱野村総合研究所「中小企業支援機関における支援の現状把握に関するアンケート」
(注)　各回答数(n)は以下のとおり。商工会・商工会・商工会議所・中央会：n=1,614、税・法務関係支援機関：n=1,148、
コンサルタント：n=448、その他支援機関：n=100、金融機関：n=239。

2020年版小規模企業白書　第3-3-7図

コラム

個人事業主の経営改善の事例

　個人事業主が、中小企業活性化協議会（以下、「協議会」といいます）の再
生支援事業を利用して、経営改善した事例を紹介します。

　個人事業主は料理旅館を営んでおり、地場でとれる素材を活かした料理に定
評があり、リピーターを中心とする根強い顧客層を有していました。

　建物建設時の借入金の返済負担が重く、過去に協議会で再生計画策定支援を
受け、再生支援融資制度を利用して返済期間を長期に変更する金融支援を受け
ました。計画策定後は、元金および利息の約定返済を行っていました。

　しかし、新型コロナウイルス感染症の影響により、旅館の売上が大幅に低下
しました。新型コロナ特例リスケジュール支援（以下、「特例リスケ」といい
ます）によって、既存債務の元金返済を1年間停止する返済条件の変更（リス
ケジュール）を受けつつ、雇用調整助成金、休業支援金、コロナ融資等によっ
て資金繰りを維持しました。特例リスケ期間明けに、協議会で再度の再生計画

策定支援決定を受け、公認会計士が支援専門家として事業 DD および財務 DD を行い、事業再生計画が策定されました。事業 DD ではボイラーや客室等の物的設備の老朽化、顧客層の高齢化が問題点として指摘されました。計画では、再生支援融資でニューマネーを調達し、物的設備の更新を行うとともに、顧客層の若返りをめざした各種の経営改善施策を行うことが内容とされました。この計画は、旅館を支援する金融機関に支持され、全金融機関の同意を受けて成立しました。メイン金融機関と個人事業主とのやりとりだけでは、新規融資の可能性は乏しく、協議会を活用することが新規融資・リスケジュールといった金融支援に結びついた事例となります。

⒞　弁護士の経営改善への関与

⒜　個別課題への法的支援

法務面の専門家として、たとえば事業部門の閉鎖やリストラなど、当該事業者の法的課題に応じた個別課題への法的な支援をすることが考えられます。特に労働分野など、法的な知識が必須の場面では、弁護士の有用性がより高まるでしょう。

⒝　課題探索型・課題設定型の支援

上記⒜のような個別の法的な支援にとどまらず、より踏み込んだ課題探索型・課題設定型の支援をすることも考えられます。すなわち、個人事業主から相談を受けた弁護士は、当該事業の資料分析や事業主との対話から、当該事業の抱える課題を発見し、可視化すること、課題解決のための仮説を設定すること、課題内容に応じた各種士業やコンサルタントなどの適切な支援主体につなげることなど、個人事業主の経営改善に向けた各種支援に取り組むことも考えられます。

そのためには、経営上の数字・時間的な余裕・金融負債の状況・マーケティング、生産性向上、販路開拓、資金繰り改善、各種補助金利用などについて、事業主の悩みを丁寧に聞くとともに経営課題の分析に取り組むことになります。

　これらのキャッシュフロー改善・PL改善によっても経営が改善しない場合に、最後の最後の手段としてBS改善（債権カット）を検討するという検討順序となります。これらの経営改善の検討をせずに安易に債権カットをめざすことは金融機関の理解も得られないことから、避けたほうがよいでしょう。

　このように、弁護士は、すでに顕在化した課題の解決を支援するだけではなく、事実認定能力および多角的分析力を活かし、事業者とその経営環境に対する理解を深め、事業主の代理人・ブレーンとして、事業者が直面する経営課題の設定とその解決に向けた意思決定および実行のプロセスに伴走支援をすることが考えられます。[15]　そのためには、弁護士といえども、財務・会計やビジネスなどの知見を一定程度有していることが必要といえます。

(c)　事業承継・廃業局面における支援

　これまでみてきたような経営改善だけでなく、後述のように、事業承継や廃業の場面でも、弁護士の積極的な関与が考えられます。本書のメインテーマである債務整理も含め、事業者のライフサイクルのすべてのステージにおいて支援が可能なところが、弁護士の特徴といえるでしょう。

2　個人事業の事業承継

(1)　総　論

　法人も個人事業主も、近年は経営者の高齢化が問題となっています。[16]　そのため、債務整理の要否にかかわらず、事業の継続のために事業承継が必要となることが増えています。

　本章では、基本的には資産超過等の比較的業況がよい個人事業主の事業承

15　弁護士による伴走支援について、日本弁護士連合会ウェブサイト「地域の多様性を支える中小企業・小規模事業者の伴走支援に積極的に取り組む宣言」、中小企業庁ウェブサイト「経営力再構築伴走支援ガイドライン」32頁以下を参照してください。
16　事業承継対策の必要性や統計的なデータについては、中小企業庁ウェブサイトで公表されている「事業承継ガイドライン（第3版）」4頁以下を参照してください。

継を念頭におきますが、事案によっては、債務超過の事業主の事業承継、あるいは逆に債務整理の過程で経営者責任を果たす一環として経営者の世代交代を試みることもありうるでしょう。

個人事業主の事業承継は、旧経営者の廃業と後継者の創業を兼ねる（個人事業主から個人事業主への事業の付替え）という性質を有するため、専門家としては、旧経営者の承継支援という形ではなく、後継者の創業支援という形で個人事業主の事業承継の支援に関与する場合もあります。

(2) 個人事業主の場合の留意点

㋐ 個人事業主の場合の留意点——個人事業のまま承継する場合

個人事業主は、法人以上に、事業の属人性（事業と個人の結びつき）が高いのが通常です。屋号、従業員、ノウハウ、取引先、許認可、事業用資産等の属人性が強い結果として、最終的に顧客や金融支援を維持できるかどうかが最も重要なポイントとなります。この属人性の高さが個人事業主の事業承継を難しくしている最大の要素といえます。留意点としては、次のようなものが考えられるでしょう。

まず、対取引先については、前事業主に対する信頼が取引の基礎にあることが多く、後継者が取引先からの信頼をどのように承継していくかが、大きな課題となります。また、前事業主固有の技術・技能などがビジネスの基礎にあることもあり、後継者に対する技術・技能の承継も大きな課題です。加えて、前事業主の預金口座から事業用資産の残高だけを新しい事業主に引き継ぐことになりますが、口座名義人の変更は通常許されず、新しい預金口座とは連続性を欠くため、取引先に口座番号の変更等を連絡しなければならないなど、経営権やブランド等の事業価値を毀損せずに承継したとはいいがたいケースも起こりうる旨の指摘があります。対金融機関については、前従業主への融資・担保と後継者への融資・担保がうまく承継できるかという点に大きな課題があります。顧客の属性を管理する法主体に連続性がないという問題が生じることになり、具体的には、事業承継前の取引履歴を照会した場

合、取引なしになったり、事業とは関係ない取引が照会されたりすることになりかねず、また、税務申告等で残高証明を発行しようとした場合、承継後の事業主の名寄せで照会すると、照会した取引時点によっては残高なしや残高が異なることもありうる旨の指摘があります[17]。

　また、個人事業主は、法人のように、株式を譲渡するだけで経営権の移転が完了するというわけにはいかず、事業用資産や必要な各種契約を後継者に譲り渡すには、相続、事業譲渡や資産譲渡、あるいは契約の個別の巻き直しといった対応をとらざるを得ないことから、事業に必要な各種の名義（資産・許認可だけに限らず、負債も含み得ることに注意しましょう）も漏れなく後継者に変更する必要があります[18]。承継の時機を逃したために個人事業主に相続が生じ、事業用資産が相続人による共有状態になってしまうと、法人の場合（典型的には事業用不動産の共有や株式の準共有が生じる場合を想定してください）以上に、事業継続に支障が生じる可能性が高くなるため、事前の承継対策の必要性が高いといえるでしょう。

　加えて、個人事業主は、決算書や帳簿類が未整備のことも多くみられます。また、どこにその事業の強みがあるのか、それを確実に承継できるのか、についても不明確なことが多いでしょう。そのため、後継者に対する過不足ない承継のためには、その事前準備として、事業の見える化、事業の磨き上げをしておく必要性が生じることもあります[19]。

　これらの問題点は、後継者側からみると個人事業承継におけるリスクとなります。また、後継者側は自身の開業を伴うことが通常なので、開業届等が必要となるなど、後継者側における創業面での手続も漏れのないようにする必要があります。

　このように、個人事業主の事業承継には、事業用資産の名義変更にかかる

17　以上、「個人事業主の事業承継に寄せて」金法2105号96頁を参照してください。

18　日本弁護士連合会＝日弁連中小企業法律支援センター編『事業承継法務のすべて〔第2版〕』（金融財政事情研究会、2021年）354頁以下、仲宗根宗聡『個人事業の承継マニュアル』（清文社、2019年）6頁を参照してください。

19　「見える化」については、中小企業庁ウェブサイト・前掲（注16）29頁、32頁以下など参照してください。

時間や費用等、法人の事業承継の際には必ずしも考えなくてもよいコストや問題点も生じることになりますので、法人における事業承継より長い準備期間が必要となります。個人事業の事業承継対策を後回しにすべきではありません。個人事業主が比較的若く、事業承継までに一定の期間が確保できる事案であれば、当該事業の法人化を先行させることで、後継者に対する事業承継をより容易にすることを検討すべきでしょう（下記(イ)を参照してください）。

〈図5〉 個人事業主の事業承継

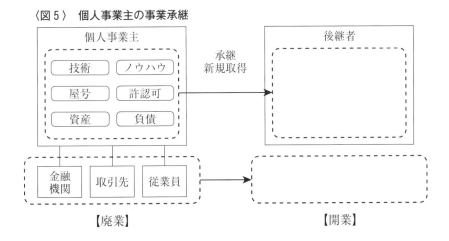

(イ) 個人事業主の場合の留意点——個人事業を法人成りしたうえで承継する場合

　上記のとおり、個人事業のまま事業を承継することには困難が生じる場合が多いと思われます。そこで、個人事業を譲渡人側であらかじめ法人成りし、個人に紐づく資産・負債・許認可等を順次法人に移行させたうえで、株式譲渡の方法で事業を承継する方法が有益です。譲渡人側において、安定的な事業承継を目的に法人化をめざすことは、取引先・金融機関等の理解を得やすい側面がありますので、あらかじめ法人成りを行う時間的な余裕がある場合は、事前の法人成りは、事業承継に向けた一つの有力な方法となるでしょう。ただし、ただ法人化しさえすれば容易に事業承継できることになる

というわけではなく、技術技能やノウハウなどを確実に承継するため、それらの見える化が必要でしょう。このことは、親族内承継、従業員承継、第三者承継とも共通です。

　個人事業が収益性を有している場合、法人成りして法人が金融機関から借入れを行い、個人事業主の負債を返済することはそれほど困難ではありません。法人による借換えによって、個人に紐づいた負債を法人に承継させることが可能になります。この際、経営者が保証を求められるケースがあるかもしれませんが、個人事業主の債務が保証債務であれば、その後の事業承継のタイミングで「事業承継時に焦点を当てた『経営者保証に関するガイドライン』の特則」を利用するなどして、保証債務の承継・整理が可能となることもあります。事前に法人成りを行うことで法人の事業承継のために用意された補助金や各種の支援制度を活用することが可能となるので、その点でも法人化したうえで事業を承継するという方法が有力な手法となります[20]。承継側としても、法人の形で創業すれば、スタートアップ創出促進保証制度[21]を利用するなどして、個人保証の負担なしで創業できる可能性が出てきます。

(3)　類型と検討の順序

　法人の場合は、まず親族内承継、あるいは従業員承継を試み、それが難しいときに第三者承継を試みることが多く行われています。これは、親族内承継が、一般的に他の方法と比べて、内外の関係者から心情的に受け入れられやすいこと、後継者の早期決定により長期の準備期間の確保が可能であること、相続等により財産や株式を後継者に移転できるため所有と経営の一体的な承継が期待できるといったメリットがあるためとされています[22]。

　個人事業主の場合も、上記のメリットはほぼ妥当するため、検討の順序と

20　法人成りした後の事業承継支援については、日本弁護士連合会＝日弁連中小企業法律支援センター編・前掲（注18）、中小企業庁ウェブサイト・前掲（注16）などを参照してください。

21　詳細は中小企業庁ウェブサイト「経営者の個人保証を不要とする創業時の新しい保証制度（スタートアップ創出促進保証）」を参照してください。

22　中小企業庁ウェブサイト・前掲（注16）25頁以下を参照してください。

しては法人と同様であることが通常と思われます（実際、親族内承継が全体の約9割を占めています[23]）。いずれにせよ、前記(2)で述べた留意点には注意する必要があります。

〈図6〉 事業承継の検討順序と類型

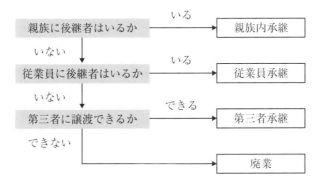

㋐ 親族内承継

法人であれば、株式の承継・相続を検討することが基本となりますが、個人事業主の場合は相続だけでは事業承継が完了しない場合が存在し、相続にあわせて、事業譲渡または資産譲渡を選択することが多いと思われます（資産譲渡だけでは、許認可やいわゆる知的資産に属するものを必ずしもすべては承継できない場合があることに留意する必要があります[24]）。

いずれにせよ、承継の支援にあたっては、後継者に課税（相続税・贈与税）が生じる可能性にも注意をしておく必要があり、後継者に多額の相続税の課税が生じる場合など、事案によっては事業承継税制の活用も検討すること

---

23 中小企業庁ウェブサイト・前掲（注16）113頁を参照してください。

24 知的資産の承継については、日本弁護士連合会＝日弁連中小企業法律支援センター編・前掲（注18）359頁以下参照。「知的資産」とは、人材、技術、組織力、顧客とのネットワーク、ブランド等の目に見えない資産のことで、企業の競争力の源泉となるものであるとされています。

25 詳細は国税庁ウェブサイト「事業承継税制特集」の「個人版事業承継税制」を参照してください。個人版事業承継税制では、令和10年12月31日までの贈与または相続等であることや、令和6年3月31日までに「個人事業承継計画」を都道府県知事に提出し確認を受ける必要があるなど、期限があることに留意する必要があります。

になるでしょう。

　事業譲渡にあたっては、譲渡対象を特定する必要があります[26]。承継対象事業に係る帳簿類が整備されていれば、それを利用して簡易な形で対象を特定することも考えられますが（そうであっても、不動産や車両など、登記・登録制度が整備されている資産については、名義変更手続が可能になるように、明確な特定が必要となります）、そうでない場合は、必要な事業用資産の洗い出しから始めることとなります。なお、承継が必要な事業用資産として土地建物がある場合、旧経営者の自宅を兼ねていることも多いため、事業用資産のみならず個人資産の承継も検討に入れる必要が生じる場合もあります[27]。

　許認可については、個人間での許認可の承継が困難なケースが多いと思われます。そこで、譲受人側で譲渡人と同様の許認可を承継前に取得しておく等、事前準備が必要になりますが、このような場合には許認可に紐づく実績を承継できないことが多いと思われることも踏まえて全体のスキームを検討することになるでしょう[28]。

㈡　従業員承継

　個人事業主は規模によっては従業員がいないことも多いですが、もし従業員がいれば、その従業員が後継者となることは、事業に比較的精通した者による承継が実現することから、取引先や金融機関等の理解も得られやすい選択肢です。事業承継までに数年単位の時間が確保できるのであれば、後継者人材バンクなどを通じて承継先（者）を探索し、しばらくは従業員として事業に関与してもらい、緩やかに承継を進めていくことも選択肢の一つといえます[29]。

26　株式会社を念頭においたものですが、事業譲渡契約書について、中小企業庁ウェブサイト「中小 M&A ガイドライン――第三者への円滑な事業引継ぎに向けて（第 2 版）」の参考資料 7 でサンプルが示されています。

27　中小企業庁ウェブサイト・前掲（注16）114頁以下を参照してください。

28　たとえば建設業許可においては、令和 2 年の建設業法改正によって、「譲渡及び譲受け認可申請」制度を利用することで、手数料なしに許可番号を親から子へ引き継ぐこともできるようになりました。このように、必要な許認可によって対策が異なってきます。

29　後継者人材バンクについては、もともと従業員ではなかった第三者に事業を譲るという意味で、第三者承継に位置づけられることのほうが多いようです。制度の詳細は、事業承継・引継ぎ支援センターのウェブサ

　従業員承継の手法としては、上記の親族内承継と同様、事業譲渡が基本となります。法人であれば、役員（代表者）を交代し、あとは株式の帰趨を検討すれば済むところですが、個人事業主の場合はこの手法が利用できないためです（逆にいえば、親族内承継と同様、事業主側において事前に法人成りをしたうえで株式譲渡の方法をとることで、事業承継をスムーズに進めることができるともいえます）。また、親族内承継の場合とは異なり、相続による資産等の移転ができず、資産等の移転に伴って課税が生じることには留意が必要です。

　負債について、スムーズな承継を行うためには、過剰債務がある場合、できる限り旧経営者の下で債務整理を行っておくことが望ましいでしょう（この点は親族内承継でも同様です）。保証債務についても、承継の妨げになる場合がありますので、必要に応じて経営者保証ガイドラインの活用を検討することになるでしょう。

(ウ)　第三者承継

(A)　承継先の探索方法

　第三者承継の実現のためには、まず承継先を見つけることから始まります。事業規模が一定程度ある場合は、後継者探索に相応のコストをかけられるため、民間のFA（フィナンシャルアドバイザーの略です。ここでは、M&Aの一方当事者に対して計画立案からクロージングに至るまでの一連の助言・支援業務を行う者を指します）・仲介機関を利用する余地があります。

　これに対し、事業規模が比較的小さくコスト負担が難しい場合は、各地の事業承継・引継ぎ支援センターや、金融機関による支援を検討することになるでしょう。これらの支援先は、後継者候補のリストをもっていることもありますし、比較的リーズナブルに支援が受けられるので積極的な選択肢になります。これとは別に民間のM&Aプラットフォームを利用して承継先を探索する方法も考えられます（通常は売り側には利用手数料がかからないことが

イト、および日本弁護士連合会＝日弁連中小企業法律支援センター編・前掲（注18）361頁以下を参照してください。

多いと思われます）。ただし、いずれも M&A における助言を行う FA 機能はないため、候補先が複数ある場合にどこに声をかけるか、その後のデューデリジェンスや交渉対応をどうするかについて、代理人等の専門家による支援が必要となってきます。なお、FA 業務については、中小企業庁に登録した FA 業者[30]を活用すれば、事業承継・引継ぎ補助金[31]の対象となり得ます。補助金の利用も積極的に検討しましょう。

　また、事業規模がいずれであっても、取引先や同業種、経営者の人間関係などを通じて承継先を探索することも有効なのは、法人の場合と同様です[32]。

〈図 7〉　第三者承継先の候補

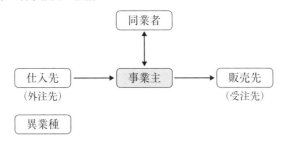

　(B)　基本スキーム

　親族内承継・従業員承継と同様に、基本スキームは事業譲渡となります。

　負債についても、親族内承継・従業員承継と同様ですが、親族でも従業員でもない全くの第三者が承継するのであれば、事前に旧経営者の下で債務整理を行うというよりも、当該第三者からの譲渡対価を原資として債権者に弁済し、残債務を私的整理で免除してもらうという方向に行きやすいのではないかと思われます。譲渡対価を一括で支払い得ない場合には、譲受人が併存

30　登録業者の検索等については、中小企業庁 M&A 支援機関登録制度事務局ウェブサイト「登録機関データベース」を参照してください。

31　補助金の詳細については、事業承継・引継ぎ補助金事務局ウェブサイト「事業承継・引継ぎ補助金」を参照してください。

32　その他、進め方については中小企業庁ウェブサイト・前掲（注16）を参照してください。

的債務引受をしながら、将来収入から債務を順次弁済する方法も考えられます。譲渡人側からすると、債務の弁済が確実になされるか不確実な点が残りますが、後継者候補が少なく、一括弁済が困難な場合の選択肢としてはありうると思われます。

　Ⓒ　M&A 後の統合プロセス（PMI）の重要性

　全くの第三者が承継する場合、承継後にスムーズに事業運営を開始できることが重要です。M&A によって引き継いだ事業の継続・成長に向けた統合やすり合わせ等の取組みを（PMI）（Post Merger Integration）と呼びますが、PMI 対応としては、中小企業庁が令和 4 年に中小 PMI ガイドラインを策定・公表しており、参考になります。[33]

　PMI は、基本的には譲受人側にて行いますが、承継後（事業譲渡等のクロージング後）に着手するのではなく、承継検討中に PMI を見据えた準備を行うことが有用です。承継後は事業運営に手一杯で、PMI まで手が回らないことがありうるためです。[34]譲渡人としては、事業のスムーズな承継のため、可能な限りこれに協力するのが望ましいといえるでしょう。[35]

（4）　事業承継時に焦点を当てた経営者保証ガイドラインの特則[36]

　対象事業に係る個人事業主の借入れに保証人がいる場合があります。事業者と保証人との間に、配偶者、親子関係、親族関係などの特別な人的関係が

33　詳細は中小企業庁ウェブサイト「中小 PMI ガイドライン」（令和 4 年 3 月）を参照してください。

34　法人を念頭においたものではありますが、PMI を見据えた事前の対策について、今井丈雄「中小企業のポスト M&A をにらんだ DD」事業再生と債権管理175号100頁以下を参照してください。

35　一般的な PMI の取組みの参考として、皿谷将『M&A を成功に導く中小企業の PMI 実践マニュアル』（日本法令、2023年）参照。個人事業主の場合は、法人と比較すると規模が小さいため、「PMI」という呼称を使うほど大がかりな対応をすることは少ないでしょう。他方で、日常の事業運営について属人性が非常に高いことが多いため、より綿密な引継ぎが必要になることがあります。クロージング前から引継ぎの方法やスケジュールも協議しておくことが望ましいでしょう。

36　参考文献として、野村剛司編著『実践経営者保証ガイドライン——個人保証の整理〔補訂版〕』（青林書院、2023年）296頁以下、小林信明「「事業承継時に焦点を当てた「経営者保証に関するガイドライン」の特則」の概要」金法2131号10頁以下参照。政策的な支援として、中小企業庁ウェブサイト「事業承継時の経営者保証解除に向けた総合的な政策について」を参照してください。

存在するケースが多いと思われます。事業承継に伴って、事業主と保証人との関係が希薄となることから、当該保証人の保証債務の解除・切替えを行う必要が生じることがあります。

　この課題を解決するため、経営者保証ガイドラインを利用して、保証債務を整理することが考えられます。経営者保証ガイドライン本則第6項に加え、前述のとおり、「事業承継時に焦点を当てた『経営者保証に関するガイドライン』の特則」も策定・公表されています。経営者保証を解除するための要件としては、①法人（法人の場合）と経営者の関係の明確な区分・分離、②財務基盤の強化、③財務状況の正確な把握等による透明性確保の三つが必要です。[37]

　①については、個人事業主の場合は、個人事業主と保証人との区分・分離という形で問題となります。個人事業主と保証人が同一世帯にある場合など、個人事業主は、法人と経営者以上に両者の区分が困難となることもありますが、帳簿類の整備や、事業用資産を私生活で利用しないなどといった対応をしていくことが考えられます。[38]法人の場合に最も問題となるのは、代表者保証人と会社との間で多額の金銭の貸し借りがあり、現預金の帰属が曖昧になっている状態ですが、個人事業主の場合も、私的な金員と事業用の金員との両者は明確に分けておかなければ、この要件を充足することは困難であると考えられます。そのため、経営者保証ガイドラインの本則ないし上記の特則を利用する場合には、資産・負債の切り分け、帳簿類の整備等に年単位の準備期間を要する可能性がある点は留意しましょう。個人事業主の高齢化・判断能力低下が生じた場合に慌てないよう、中長期的な視点をもって事前準備を怠らないことが大切です。弁護士その他の専門家は、事業性が認められ、将来の事業承継を見据えることができる事案であれば、保証債務の処理について考慮しながら継続的に案件に関与する必要があります。

37　経営者保証ガイドライン6⑵①ロ、同4⑴を参照してください。
38　保証債務の整理の局面で、個人事業を営む保証人の資産を個人事業にかかわる資産とその他の資産とに分類して残存資産を検討した実例として、金融庁ウェブサイト「『経営者保証に関するガイドライン』の活用に係る参考事例集」（令和元年8月改訂版）の事例66が報告されていて参考になります。

　②については、①を前提としつつ、保証人の信用力に頼らなくとも借入れを返済できるかどうかという観点です。基本的には、個人事業主が資産超過であり、EBITDA有利子負債倍率15倍以内、当面の資金繰りにも問題がない、などといった要素が求められることが多いと思われます。[39・40]

　③については、債権者が上記①・②を判断できるようにするための要件です。単に帳簿類を開示しているというだけでなく、たとえば回収不能の売掛金や不良化した棚卸資産が多額に計上されていて正確とはいえず、これが是正されないような場合は、この要件は満たさないと判断されることがあるでしょう。

　以上について、伴走支援する専門家が必要な場合には、保証人に支援専門家として弁護士が就任して保証債務の整理に向けた支援を行うことも考えられます。

　なお、個人事業主が金融機関から借入れをしている場合、金融負債は個人事業主の固有負債であって保証債務ではありません。そのため、個人事業の承継がなされた場合でも、事業譲渡対価を原資とする弁済や後継者による借換え等がなされない限り、前事業主の金融負債が消滅することはありません。個人事業主が自ら借り入れた固有の金融債務については、経営者保証ガイドラインを利用した借入債務の整理はできません。事業承継にあたっては、個人事業主の金融負債をどのように整理するかという点に特に留意が必要です。金融債務がある場合、できる限り前事業主の下で債務の返済を進めて債務額を圧縮するなどの整理を行っておくことが望ましいでしょう。

39　中小企業庁ウェブサイト「ガバナンス体制の整備に関するチェックシート」、一般社団法人全国信用保証協会連合会ウェブサイト「事業承継特別保証」制度の要件をそれぞれ参照してください。ただし、令和6年3月時点では、事業承継特別保証において個人事業主は対象外とされています。

40　このような要件を必要とすると、債務超過の法人・個人事業主の場合は経営者保証ガイドラインの適用可能性が極めて限定されてしまいます。そこで、事業が承継された場合と承継されなかった場合とを比較して経済合理性を判断する提案として、事業再生研究機構編『中小企業の事業承継と事業再生』（商事法務、2018年）128頁以下〔髙井章光発言〕を参照してください。

〈図8〉　保証と借入れの整備

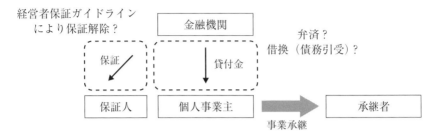

(5)　債務超過等の場合の事業承継

　ここまでは比較的業況のよい個人事業主の事業承継を念頭においていましたが、収益性に乏しく、債務の負担が重い個人事業主の場合、後継者において負債を承継することが事業承継の大きなハードルの一つとなります[41]。法人であれば、経営者保証ガイドラインを活用することで、保証人の法的整理を回避することも可能ですが、個人事業主の場合は、事業性の金融負債は自身の固有債務となるため、必ずしも同じようには考えられません。金融機関としては、事業の承継があったとしても、譲渡人から譲受人に債務者を変更することが難しいケースが多いと思われます。後継者が金融負債を上回る譲渡対価を支払うことができるのであれば、譲渡対価で金融債務を弁済するのが簡便です。問題は、金融負債を弁済できるだけの事業譲渡対価を原資に譲渡対価が生じないケースです。後継者が支払う事業譲渡対価を弁済原資として金融債権者に弁済を行い、残債務を私的整理で免除してもらう方法も理論上は考えられますが、可能な限りの対価の相当性を債権者に示して理解してもらう必要があるほか、金融機関による譲渡人に対する直接の債権放棄が必要になるなど、私的整理成立のハードルはかなり高いと考えられます。後継

41　経営者保証が念頭におかれていますが、事業承継にとって個人保証が大きな障害であると分析され、それに向けた対策を設けることが発表されています。中小企業庁ウェブサイト・前掲（注16）を参照してください。

者に個人事業を承継するとしても、譲渡人の側では残存する金融債務の整理のために法的整理等を必要とするケースもあると思われます。個人事業主には、法人の債務整理のために用意された各種制度が整備されておらず、制度が欠缺しているといってもよいでしょう。

　そこで、債務の圧縮を伴う事業承継が必要な場合は、個人事業を個人事業のまま承継するのではなく、将来の承継を見据えてあらかじめ法人成りを経るなどしたうえで、時間をかけて準備を行う必要が生じることがあります。親族内承継の場合は、事業承継に向けて一定の時間をかけて準備することができるケースが多いと思われ、個人事業のままとするのか、法人成りしたのちに事業を承継するかは、すでに触れたとおり、取引先・金融機関等の理解も得ながら、慎重に検討をしましょう。

⑹　弁護士のかかわり方

㋐　個別の法的な支援

　これまでみてきたとおり、事業承継そのものや保証解除等の容易さを考えると、事業承継に向けてあらかじめ法人成りを進めておくことが考えられます。この場合も、弁護士としては、法人設立だけでなく、法人への契約名義の変更、個人から法人への資産の移転等、個別の法的な支援が可能です。

㋑　伴走支援

　上記㋐のような個別の法的な支援のみならず、そもそもどのような承継スキームをとるのか、その場合に必要な準備は何か、スケジュール感はどうするか、第三者承継の場合にFAとしての支援も行うなど、継続的に事業者に伴走して事業承継支援をすることも考えられます。特に、スキームごとに必要な法的手続等を踏まえながら手続選択できるのは弁護士の強みといえるでしょう。

コラム

個人事業主の事業承継の事例

　個人事業主が、後継者不在の個人事業主の遊漁船業事業（遊漁船業の適正化に関する法律参照。いわゆる釣り船です）を譲り受けたという第三者承継の事例を紹介します。金融機関の紹介で、譲受人が譲渡代金を当該金融機関からの融資によって調達するため、また、譲渡人は譲渡代金で当該金融機関からの負債を返済するため、契約書作成をはじめとして弁護士による支援が必要とされていました（本件では譲受人側で関与）。

　事業譲渡契約の本文としては法人の事業譲渡とさほど変わらないものの、最も難航したのは譲渡対象の資産目録・契約目録の作成でした。法人のように必ずしも帳簿で管理をしているわけではないため、譲受側を支援していた中小企業診断士や上記金融機関のサポートも受けながら、現地で譲渡人・譲受人双方立会いで必要なものとそうでないものとを振り分けてもらい、リスト化していきました。特に名義変更等を伴うものについては、その手続が後で必要となるため、根拠となる事業譲渡契約書は的確に備えておきたいところです。

　また、上記(3)(ア)で触れた許認可と関連して、利用している漁港の漁業協同組合の組合員資格に係る名義変更も必要でした。当該組合においては、この名義変更は随時受け付けているものではなく、事業譲渡契約のクロージングまでに済ませられないことが事前に判明していたことから、組合との調整も含め、譲渡側の義務として事業譲渡契約に規定をしました。そもそもこのような資格も必要であることは、個人事業主の場合は事業主が意識していないこともあり得ますので、専門家がその洗い出しに協力することが有用でしょう。

　最後に、個人事業主の場合、法人の場合以上に事業主と顧客とが密接な関係にあります。その意味で、事業譲渡後も引き続き顧客を確保できるかどうかが事業承継の成功に直結するといえます。法的な面との関係でいえば、譲渡人に競業避止義務違反があった場合の譲受人の被害は深刻なものとなりかねませんので、条項の定め方を含め慎重に検討しましょう。

3 廃業──資産超過の場合

(1) 廃業支援の意義と手法

　承継先を探索したものの事業承継が実現できない場合やそもそも事業主が事業承継を望まない場合は、資産超過の状況で個人事業を廃業することになります[42]。特に、債務超過になってしまう前に適切に廃業手続を進めることで、取引先や従業員、そして債権者にかける迷惑を可能な限り小さくすることができ、ソフトランディングできるという意義があります。資産超過の状況で廃業することがポイントであるため、早期着手が重要です。

　個人事業主の場合、廃業に伴って法人格の整理は必要ないため[43]、事業を停止するとともに、事業用資産を換価して負債の弁済にあてることになります。資産超過で廃業する場合は[44]、債務整理は不要ですが、単に個々の資産等を処分して廃業するのではなく、経営資源の引継ぎを検討すべきケースもあるでしょう。従業員を他者に引き継げれば雇用を守ることができますし、たとえ一部でも事業ないし事業用資産を引き継ぐことができれば、譲渡対価を得られる可能性があるだけでなく、引継ぎ先の創業支援を兼ねたり、事業で使用していた物件の有効利用など、地域経済にも貢献できるためです[45]。また、事業承継・引継ぎ補助金などの補助金もあるため[46]、その利用も検討する余地があります。補助金だけでなく、資産の換価や債務の弁済、税金の

42　ただし、事業承継が実現できなかったからといって、ただちに廃業が必要とは限りません。資金繰りや時間に余裕があれば、経営改善等によって、承継が可能となることもあります。詳細は、中小企業庁ウェブサイト・前掲（注16）50頁を参照してください。

43　廃業時における個人事業主と法人の違いについては、第Ⅰ章2(3)を参照してください。

44　ただし、ここでいう「資産超過」とは、貸借対照表上で形式的に資産超過である場合を指すのではなく、実態上資産超過であり、かつ、廃業に必要なコストも賄える状態であることを指しています。

45　資産超過の場合、①対価の相当性について、負債を全額弁済できるのであれば債務超過の場合ほど気を遣う必要はありませんが、②税務については、欠損金等が生じていないことも多いので、その観点からもスケジュールやスキームについてよく検討する必要があります。

46　詳細は、事業承継・引継ぎ補助金事務局ウェブサイト・前掲（注31）を参照してください。年度事業であるため永続的に存在しているわけではないことと、公募期間が限定されていることに注意する必要があります。

発生の有無の確認などには漏れのないように対応する必要があることから
も、やはり専門家として支援を行うことが有用でしょう。

〈図9〉　廃業の手続選択

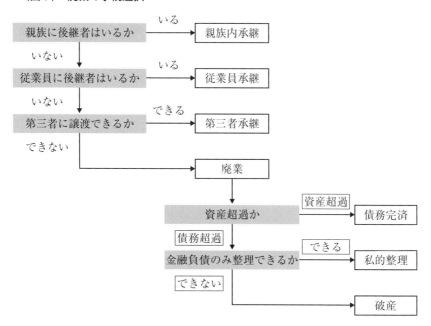

　なお、債務超過のため廃業に伴い債務整理を行う場合は、個人事業主の場
合は特別清算（会社法510条以下）を利用できないため、中小企業の事業再生
等に関するガイドライン[47]（なお、この制度も、中小企業活性化協議会405事業の
補助金対象となっています[48]）や日本弁護士連合会の特定調停スキーム[49]（【手引

47　一般社団法人全国銀行協会ウェブサイトを参照してください。

48　補助金については、中小企業庁ウェブサイトを参照してください。

49　日本弁護士連合会ウェブサイト「事業者の廃業・清算を支援する手法としての特定調停スキーム利用の手
　　引」を参照してください。特定調停スキームは、金融機関に過大な債務を負っている事業者等について、特
　　定調停によって債務整理を行うスキームで、日本弁護士連合会がこの利用のための手引を策定し公表してい
　　ます。主たる債務および保証債務を一体として整理する「手引1」、保証債務のみを整理する「手引2」、事
　　業者の任意の廃業を支援する「手引3」があります（48頁参照）。いずれも、個人事業主が主債務者となっ
　　ている場合でも利用可能です。

3 （廃業支援型)】）、REVIC（地域経済活性化支援機構）の特定支援を活用し
て、債務整理を行うこととなります。[50]債務整理の問題を解決するため、対
応に迷ったら、まずは中小企業活性化協議会に相談することも有用でしょ
う。[51]事案によっては個人事業主の法的整理[52]の可能性も考えられます。[53]

(2) 弁護士のかかわり方

　廃業の過程で、たとえば、労務面の対応やコンプライアンス面（廃棄物の
処理など）の対応などの個別の法的な支援をすることが考えられます。特に
個人事業主の場合、廃業の過程でも法令違反があれば当該事業主個人の責任
となりますので、適法に手続を進めていく必要があります。

　また、上記のような個別の法的な支援だけでなく、事業主に伴走しながら
時間をかけて廃業の支援をしていくことも考えられます。そもそも事業を畳
むか否かから始まり、事業譲渡や経営資源の引継ぎを試みるのか、その場
合どのような手段を講じるのかなど、事業主のブレーンとして継続的に関与[54]
することができます。資産超過だと思って関与していたが収益が急速に悪化
したり、事後的に廃業コストが増大したりすると債務整理が必要となってし
まうことも考えられるため、収益状況や廃業コストの見通しを立てながら手
続を進捗させましょう。仮に債務整理が必要となったとしてもそのまま支援
を継続できるところも、弁護士の特徴といえるでしょう。

50　制度については、地域経済活性化支援機構ウェブサイト「再チャレンジ支援業務（特定支援）」を参照してください。
51　方針やスキームについてのアドバイスを得られるほか、必要に応じて弁護士の紹介を受けることもできます。
52　詳細は本書第Ⅲ章を参照してください。
53　そのほか、廃業支援の手法については、タックス・ロー合同研究会編・前掲（注9）376頁以下を参照してください。
54　さらに進んで、弁護士が関与して事業譲渡や資産換価の成功、あるいは廃業コストの削減をすることで、債務超過見込みだった事業が資産超過となる可能性も考えられます。明らかに資産超過であれば事業者が弁護士に相談に来ることは考えにくいので、資産超過か債務超過か微妙な事案では特に弁護士の見立てが重要となります。

4　まとめ

　経営改善・事業承継・廃業（資産超過の場合）の各場面においては、弁護士は必ずしも主たる支援機関とはならないことも多いです。

　しかし、これまでみてきたように、弁護士ならではの個別課題に対する法的な支援に加えて、事業者に伴走しての継続的・持続的な支援を行うことは可能です。特に、窮境に陥りそうな事業者の経営改善を試み、あるいは後継者不在の事業者の事業承継を試み、それが難しかった場合に、ソフトランディング廃業や債務整理へと連続的につなげて処理ができるのは（もっといえば、創業から廃業まで支援が継続できるのは）、弁護士の重要な特徴といえます。令和5年6月に公表された中小企業庁の「経営力再構築伴走支援ガイドライン」においても、「弁護士には、中小企業・小規模事業者のライフステージ（創業、事業継続・発展、事業承継・M&A、事業再生、廃業・清算など）に応じた課題解決の支援が期待されており、法的な拘束力はないものの関係当事者の申合せに従って自主的に遵守される規範である『経営者保証に関するガイドライン』、『中小企業の事業再生等に関するガイドライン』等においても、弁護士が力を発揮すべき範囲は格段に広がっています」とされており、これからの弁護士に期待される役割はますます広がっていくでしょう。

55　創業支援に関しては、日本弁護士連合会ウェブサイトで「ゼロから始める創業支援ハンドブック」を公表
　　しており、参考になります。

▼ 第III章 ▼

個人事業主の債務整理

第1節　個人事業主の債務整理の方法概説

1　個人事業主の債務整理の特徴

(1)　個人事業主の債務

個人事業主が負担する債務には、借入金債務以外にも、買掛金債務、リース債務、労働債務といった事業用債務があり、消費税、社会保険料などの公租公課もあります。事業継続を前提にすると、事業継続に直接的な影響のない非事業用債務と直接的な影響のある事業用債務では、とりうる整理方法や整理の際の留意点が異なります。また、公租公課は破産によっても免責されないので（破253条1項1号）、公租公課の未納が多額にある場合にはその解消が大きな課題となります。個人事業主の債務整理においては、債務の性格、債権者の属性、事業継続の有無などの状況によって、選択すべき債務整理の手法が異なってきます（→56頁）。

(2)　給与所得者との比較──債務整理の原因と経済的再建

給与所得者の債務整理の原因は、給与減少、離職、浪費などをきっかけとして、収入と支出のバランスがとれず、借入れやクレジット債務が増加し弁済不能となることにあるといえます。

一方、個人事業主の債務整理の原因は、給与所得者と同様なケースもあるものの、事業収入の低迷から事業関連債務（事業資金としての借入金、買掛金、リース債務）が弁済不能となることが多いでしょう。

給与所得者は収入と債務を分離して、今の給与所得を前提に債務の弁済可能性や債務整理後の生計を考えることができますが（支出の整理による収支改善）、個人事業主は収入と債務が一体となっており、債務整理をするにあ

たり、両者の見直しを検討する必要があります（収入と支出の整理による収支改善）。すなわち、個人事業を継続するのであれば窮境原因を除去して収益改善が必要となりますし、個人事業を廃止するのであれば債務整理後の生計をどのように構築するかという視点での検討が必要となります。その意味で個人事業主の経済的再建のためには、単に債務（支出）を整理するだけでは不十分といえます。

(3) 法人との比較——租税債務と労働債務の非免責、規模の大小

　法人は、破産すると最終的に法人格が消滅するため、租税債務や労働債務の未払いがあったとしても、債務整理手続完了後は支払義務を負う者は存在しません。一方、個人事業主は、租税債務や労働債務が免責されないため、破産して免責が許可されても引き続きこれらの支払義務を負っており、個人事業主の経済的再生を図るにあたっては租税債務や労働債務の滞納の有無が大きなポイントとなります。

　また、一般に、個人事業主の事業規模は法人よりも小さいため、関与する専門家や金融機関の支援が法人と比較して十分ではなく、また、債務整理にあてられる手続費用も潤沢ではありません。そのため、法人と比較して債務整理の手法としてとりうる選択肢が少なくなる傾向があり、その制約の中で債務整理を実行しなければなりません。

2 債務整理手法

　個人事業主が活用できる債務整理手法の概要は次のとおりです（〈図10〉参照）。手続選択については第2節を参照してください。

(1) 任意整理・リスケジュール

　任意整理とは、裁判所や私的整理の準則を利用することなく、各債権者と個別協議を行い、合意により弁済額の変更や将来利息の免除などを受けて債

務を整理する手法です。弁済額を減額して弁済期間を延ばすことをリスケジュール[56]といいます。

事業継続	可能
対象債権者	定めなし（選択可能）
利用要件	なし
成立要件	債権者との合意
債務整理の内容	債務の弁済方法の変更（分割弁済）
弁済	【弁済額】 債務額全額。ただし将来の利息および遅延損害金は生じない 【弁済期間】 債権者との協議による
資産換価	不要
住宅	残存できる
典型的な利用例	約定での弁済は困難だが全部または一部の債務の弁済方法を緩和すれば弁済可能となる債務者が、財産を処分することなく、債権者との合意により、弁済額を減額して将来収入から弁済を行う

(2)　特定調停

　特定調停とは、特定債務等の調整の促進のための特定調停に関する法律に基づき、支払不能に陥るおそれのある債務者の経済的再生に資するため、金銭債務に係る利害関係の調整のために行われる調停です[57]。いわゆる多重債務者が貸金業者等の債権者を相手方として債務を整理するために申し立てるのが典型的でしたが、近時は以下二つの形でも活用されています。

　第1に、日本弁護士連合会は、中小規模の事業者の抜本的な再生スキームとして特定調停スキーム（【手引1（一体再生型)】）を策定しています。民事

56　第一東京弁護士会消費者問題対策委員会編『08新版　クレジット・サラ金事件処理マニュアル』（新日本法規出版、2008年）などを参照してください。

57　加藤新太郎編『簡裁民事事件の考え方と実務〔第4版〕』（民事法研究会、2011年）などを参照してください。

再生等の法的再生手続によれば事業価値の毀損が生じて再生が困難となる中小企業について、弁護士が、税理士、公認会計士、中小企業診断士等の専門家と協力して再生計画案を策定し、金融機関である債権者と事前調整を行ったうえで、合意の見込みがある事案について特定調停手続を経ることにより、一定の要件の下で債務免除に伴う税務処理等を実現し、その事業再生を推進しようとするものです。また、事業者の早期の任意の廃業を支援するスキームとして特定調停スキーム（【手引3（廃業支援型）】）も存在します。

　第2に、被災した債務者の債務整理に関し、既往債務の免除・減額を行い、債務者の自助努力による生活や事業の再建を支援する目的で定められた自然災害ガイドラインがあります。2020年には、新型コロナウイルス感染症の影響による失業や収入・売上の減少事案に対応するため、自然災害ガイドラインを新型コロナウイルス感染症に適用する場合の特則（コロナ特則）も策定・公表されています。このガイドラインに基づく債務整理も、最終的に特定調停によって債務整理を行うこととされています。

事業継続	可能
対象債権者	①金融債権者のみ、②全債権者
利用要件	・支払不能に陥るおそれ ・事業の継続に支障を来すことなく弁済期にある債務を弁済することが困難である
成立要件	調停成立または17条決定の確定（特調22条・民調17条参照。裁判所による決定。ただし適法な異議申立てがあると決定は効力を失う）
債務整理の内容	・債務の弁済方法の変更（リスケジュール） ・債務の一部免除
弁済	【弁済額】 債務額全額または一部 【弁済期間】 債権者との協議による
資産換価	不要
住宅	残存できる

典型的な利用例	・通常の特定調停 約定での弁済は困難だが弁済方法の緩和または債務の一部免除を受ければ弁済可能となる債務者が、調停委員会の調整に基づき、財産を処分することなく、弁済額の減額または債務の一部免除を受け、将来収入から弁済を行う

(3)　中小企業活性化協議会

　中小企業活性化協議会とは、産業競争力強化法に基づき、中小企業の活性化を支援する「公的機関」として47都道府県に設置されており、全国の商工会議所等が運営する組織です。[58] 地域全体での収益力改善、経営改善、事業再生、再チャレンジの最大化を追求するため、①「中小企業の駆け込み寺」として幅広く中小企業者の相談に対応し、②協議会自身においてあらゆるフェーズの中小企業者への支援と民間の支援専門家の育成を実施し、③各フェーズでの民間による支援を促進すべく民間の支援専門家の活用を普及啓発しています。

事業継続	可能
対象債権者	金融債権者
利用要件	債権放棄を求める場合は、次の①～④の要件を満たす中小企業者（産業競争力強化法2条22項に定義される「中小企業者」の他、常時使用する従業員数が300人以下の医療法人をいう） ①　収益力の低下、過剰債務等による財務内容の悪化、資金繰りの悪化等が生じることで経営困難な状況に陥っており、自助努力のみによる事業再生が困難であること ②　中小企業者が、対象債権者（相談企業の取引金融機関等の債権者であって再生計画が成立した場合に金融支援の要請を受けることが予定されている債権者）に対して、中小企業者の経営状況や財産状況に関する経営情報等を適時適切かつ誠実に開示していること

58　藤原敬三『実践的中小企業再生論――再生計画策定の理論と実務〔第3版〕』（金融財政事情研究会、2020年）などを参照してください。

	③　中小企業者および中小企業者の主たる債務を保証する保証人が反社会的勢力またはそれと関係のある者ではなく、そのおそれもないこと ④　法的整理を申し立てることにより相談企業の信用力が低下し、事業価値が著しく毀損するなど、再生に支障が生じるおそれがあること
成立要件	事業再生計画案に対する対象債権者全員の同意
債務整理の内容	リスケジュール、債務の一部免除
弁済	【弁済額】 債務額全額または一部 【弁済期間】 債権者との協議による
資産換価	計画の内容により換価する場合としない場合がある
住宅	残存の可能性あり
典型的な利用例	現在の収益力では約定での弁済は困難だが、事業改善および債務の一部免除を受ければ弁済可能となる見込みのある債務者について、中小企業活性化協議会が委嘱する専門家（弁護士、公認会計士等）の支援を受けて事業再生計画を立案し、対象債権者全員の同意により債務の一部免除を受け、将来収入から弁済を行う

⑷　中小企業の事業再生等に関するガイドライン

　中小企業の事業再生等に関するガイドラインとは、①中小企業者の⒜平時、⒝有事、⒞事業再生計画成立後のフォローアップの各々の段階において、中小企業者、金融機関それぞれが果たすべき役割を明確化し、中小企業者の事業再生等に関する基本的な考え方を示し、②より迅速かつ柔軟に中小企業者が事業再生等に取り組めるよう、新たな準則型私的整理手続、すなわち「中小企業の事業再生等のための私的整理手続」を定めるという二つの目的をもった私的な準則です。[59]令和4年3月、中小企業の事業再生等に関す

59　小林信明＝中井康之編『中小企業の事業再生等に関するガイドラインのすべて』（商事法務、2023年）などを参照してください。

る研究会（委員として学識経験者、弁護士・公認会計士・税理士等の専門家、産業界・金融界の代表、オブザーバーとして中小企業庁・金融庁等の官公庁、事務局として一般社団法人全国銀行協会が参加）が公表し、同年 4 月15日から適用されています。

事業継続	可能
対象債権者	金融債権者
利用要件	以下のすべての要件を充足する中小企業者 ①　収益力の低下、過剰債務等による財務内容の悪化、資金繰りの悪化等が生じることで経営困難な状況に陥っており、自助努力のみによる事業再生が困難であること ②　中小企業者が対象債権者に対して中小企業者の経営状況や財産状況に関する経営情報等を適時適切かつ誠実に開示していること ③　中小企業者および中小企業者の主たる債務を保証する保証人が反社会的勢力またはそれと関係のある者ではなく、そのおそれもないこと
成立要件	事業再生計画案に対する対象債権者全員の同意
債務整理の内容	リスケジュール、債務の一部免除
弁済	【弁済額】 債務額全額または一部 【弁済期間】 債権者との協議による
資産換価	計画の内容により換価する場合としない場合がある
住宅	残存の可能性あり
典型的な利用例	現在の収益力では約定での弁済は困難だが、事業改善および債務の一部免除を受ければ弁済可能となる見込みのある債務者について、自身が選任した専門家（公認会計士、弁護士等）の支援を受けて事業再生計画を立案し、対象債権者全員の同意により債務の一部免除を受け、将来収入から弁済を行う

(5)　個人再生

　個人再生とは、民事再生法（「第13章　小規模個人再生及び給与取得者等再生

に関する特則」）に基づき、負債規模が比較的小さい個人債務者を対象とした民事再生手続です。[60] 個人再生には、小規模個人再生と給与所得者等再生の2種類があります。利用するためには、将来において継続的にまたは反復して収入を得る見込みがあり、かつ、再生債権の総額が5000万円を超えない（住宅ローン、別除権付再生債権は含まない）必要があります。

事業継続	可能
対象債権者	全債権者
利用要件	①　支払不能のおそれ（民再21条1項） ②　将来において継続的にまたは反復して収入を得る見込みがある（民再221条1項前段） ③　再生債権の総額が5000万円を超えない（住宅ローン、別除権付再生債権は含まない）（民再221条1項後段）
成立要件	・小規模個人再生の場合 ①　不同意が議決権総数の半数に満たない ②　不同意が議決権総額の2分の1を超えない（民再230条6項。消極的同意） ③　再生計画不認可事由がない（民再174条2項・231条2項） ・給与所得者再生の場合 再生計画不認可事由がない（民再174条2項・231条2項）
債務整理の内容	債務の一部免除
弁済	【弁済額】 ・清算価値以上 ・最低弁済額基準 【弁済期間】 原則3年、最長5年
資産換価	不要
住宅	住宅資金特別条項を利用して残存可能
典型的な利用例	住宅ローンおよびその他債務を約定で弁済することは困難だが、住宅ローン以外の債務の一部免除を受ければ弁済可能となる債務者について、多数決により、住宅を含めた財産を処分することなく、住宅ローン以外の債務の一部免除を受け、将来収入から弁済を行う

60　鹿子木康ほか編『個人再生の手引〔第2版〕』（判例タイムズ社、2017年）などを参照してください。

⑹　民事再生（通常再生）

　民事再生（通常再生）とは、民事再生法に基づき、経済的に行き詰まった債務者について、債務者に経営権を維持したまま、債権者の多数の同意の下に再生計画を策定し、これを遂行することにより、利害関係者の利害を適切に調整しつつ債務者の事業の再建を図る手続です。[61]

事業継続	可能
対象債権者	全債権者
利用要件	①　支払不能のおそれ（民再21条１項前段） ②　債務超過のおそれ（民再21条１項前段） ③　事業の継続に著しい支障を来すことなく弁済期にある債務を弁済できない（民再21条１項後段）
成立要件	①　議決権者の過半数の同意（民再172条の３第１項第１号） ②　議決権者の議決権総額の２分の１以上の同意（民再172条の３第１項第２号） ③　不認可事由がない（民再174条１項）
債務整理の内容	債務の一部免除
弁済	【弁済額】 清算価値以上 【弁済期間】 最長10年
資産換価	不要（換価する場合もある）
住宅	住宅資金特別条項を利用して残存可能
典型的な利用例	5000万円を超える債務を約定で弁済することは困難だが、債務の一部免除を受ければ弁済可能となる債務者について、債権者全員の同意は得られないものの多数決により、財産を処分することなく、債務の一部免除を受け、将来収入から弁済を行う

⑺　破　産

　破産とは、破産法に基づき、支払不能となった債務者につき、債務者の財

61　軸丸欣哉ほか編『民事再生実践マニュアル〔第２版〕』（青林書院、2019年）などを参照してください。

産の清算を行うとともに、免責許可決定により債務の弁済責任を免れる手続です。[62]

事業継続	可能な場合もある
対象債権者	全債権者
利用要件	支払不能（破15条1項）
成立要件	免責不許可事由がない（破252条1項・2項）
債務整理の内容	免責
弁済	配当の有無による
資産換価	必要（自由財産を除く）
住宅	任意売却または競売
典型的な利用例	債務の弁済が極めて困難となった債務者について、住宅を含めた財産を処分し、残債務の弁済責任を免れる

〈図10〉 債務整理手法

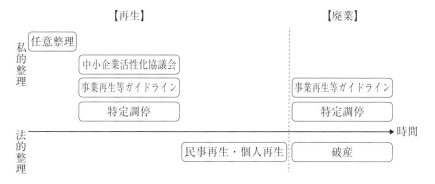

---

62 全国倒産処理弁護士ネットワーク編『破産実務Q&A 220問』（金融財政事情研究会、2019年）などを参照してください。

第2節　手続選択

1　手続選択において検討すべきポイント（総論）

　債務整理を検討する個人事業主を支援する専門家としては、第1節で述べた債務整理のさまざまな方法について、それぞれの方法のメリット・デメリットを総合的に判断し、最終的には当該個人事業主の意思決定により、適切な方法を選択することになります。

　上記の比較・検討にあたっては、税務申告書[63]、資金繰り表、不動産登記記録、資産目録等の事業および当該事業以外の個人に関する資料を徴求して、個人事業および個人に関する状況を確認するとともに、個人事業主、事業主の家族へのヒアリングをとおして、本人の優先順位を把握して、最善の手続を選択することになります。

　手続選択を行うにあたって検討すべきポイントは、各手続間の主体、要件等の異同です。それぞれの手続ごとに、①事業継続の可否（事業を残すことができるか）、②対象債権者選択の可否（債務整理の対象となる債権を金融債権に限ることができるか）、③利用要件、④債権者との意見調整主体（債権者との間で意見を調整するのは誰か）、⑤債務整理計画検証主体（債務整理の計画の内容を第三者の立場から検証するのは誰か）、⑥債務整理の成立要件、⑦債務整理の内容、⑧債権者への弁済内容、⑨資産換価の要否、⑩住宅ローン残存の場合の住宅の処理要否という観点で整理することになります（それぞれの手

63　個人事業主が使用する損益計算書は、法人と比べ、フォームが簡素化されています。
　　具体的には、損益計算書上、法人の販売費および一般管理費、営業外費用は、個人事業主では経費にまとめられています。また、同様に、法人の営業外収益に含まれる雑収入は、個人事業主では売上金額の下に表示されます。一方、法人の雑収入以外の営業外収益、特別利益や特別損失、法人税等は、個人では、事業所得の損益計算書ではなくすべての所得が計上される確定申告書に反映されることになります（なかだ隼人『コンサルティング機能強化のための個人事業主の決算書の見方・読み方〔2023年度版〕』（経済法令研究会、2023年）を参照してください。

続間の異同については、第1節を参照してください）。

　また、手続選択を行うにあたって検討すべきポイントとして、手続を利用する個人事業主の目線から各手続を比較することも有用です。そこで、以下では個人事業主の目線から、次の①～⑦の各ポイントについてそれぞれの手続を概観します。

---

① 廃業するか否か

② 迅速性

③ 確実性

④ 残存可能な資産の範囲・金額

⑤ 信用情報機関への登録の有無

⑥ 費用

⑦ 保有資格への影響

〈図11〉　個人の損益計算書

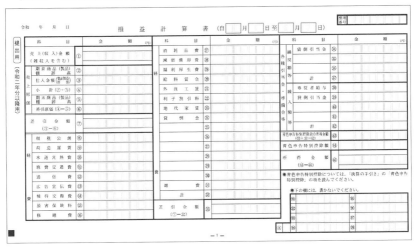

〈図12〉　確定申告書

（単位は円）

収入金額等	給与	区分	㋐	
	雑	公的年金等	㋑	
		業務　区分	㋒	
		その他	㋓	
	配当		㋔	
	一時		㋕	
所得金額等	給与　区分		①	
	雑	公的年金等	②	
		業務	③	
		その他	④	
		②から④までの計	⑤	
	配当		⑥	
	一時		⑦	
	合計（①＋⑤＋⑥＋⑦）		⑧	
所得から差し引かれる金額	社会保険料控除		⑨	
	小規模企業共済等掛金控除		⑩	
	生命保険料控除		⑪	
	地震保険料控除		⑫	
	寡婦、ひとり親控除　区分		⑬～⑭	0000
	勤労学生、障害者控除		⑮～⑯	0000
	配偶者（特別）控除　区分1　区分2		⑰～⑱	0000
	扶養控除　区分		⑲	0000
	基礎控除		⑳	0000
	⑨から⑳までの計		㉑	
	雑損控除		㉒	
	医療費控除　区分		㉓	
	寄附金控除		㉔	
	合計（㉑＋㉒＋㉓＋㉔）		㉕	

（税理士署名押印・電話番号　－　－　㊞）

整理番号			
税金の計算	課税される所得金額（⑧－㉕）	㉖	000
	上の㉖に対する税額	㉗	
	配当控除	㉘	
	住宅借入金等特別控除　区分1　区分2	㉙	00
	政党等寄附金等特別控除	㉚～㉜	
	住宅耐震改修特別控除等　区分	㉝～㉟	
	差引所得税額（㉗－㉘－㉙－㉚－㉛－㉜－㉝－㉞－㉟）	㊱	
	災害減免額	㊲	
	再差引所得税額（基準所得税額）（㊱－㊲）	㊳	
	復興特別所得税額（㊳×2.1％）	㊴	
	所得税及び復興特別所得税の額（㊳＋㊴）	㊵	
	外国税額控除等　区分	㊶～㊷	
	源泉徴収税額	㊸	
	申告納税額（㊵－㊶－㊷－㊸）　納める税金	㊹	00
	還付される税金	㊺	
その他	公的年金等以外の合計所得金額	㊻	
	配偶者の合計所得金額	㊼	
	雑所得・一時所得の源泉徴収税額の合計額	㊽	
	未納付の源泉徴収税額	㊾	
延納の届出	申告期限までに納付する金額	㊿	00
	延納届出額	51	000

還付される税金の受取場所			
	銀行　金庫・組合　農協・漁協		本店・支店　出張所　本所・支所
	郵便局名等	預金種類	普通　当座　納税準備　貯蓄
	口座番号　記号番号		

整理欄		
	区分	A　B　C　D　E　F　G　H　I　J　K
	異動	
	管理	通信日付印　年　月　日
	補完	確認
	納管	事績　住民　検算　一連番号

2 手続選択において検討すべきポイント（各論）

(1) 廃業するか否か

個人事業主は、個人で事業を行っている点において、事業を行っていない個人（消費者等）と異なります。その意味で、まずもって、事業を継続するか、廃業するかが手続選択にあたっての重要なポイントの一つです。

事業を継続できるか、または本人による事業継続が困難でも事業を第三者に譲渡できるのであれば、それに越したことはありません。

一方で、資金繰りや取引先との関係、または事業の属人性等に起因して事業継続や事業譲渡が困難なのであれば、無理をして事業を継続するのではなく廃業するほうが当該個人にとっても合理的な選択です。

また、事業を継続できる状況であるとしても、廃業して他の事業を開始することも自由ですし、安定した給与を得るために就職することも自由です。

したがって、個人事業主が債務整理を検討するにあたって、事業を継続するか、廃業するかについては、事業継続・譲渡の可能性を見極めるとともに、当該個人の将来的な生活方針を踏まえて決定することになります。

なお、債務整理手法と事業継続の可否の比較については、第1節をご参照ください。

(2) 迅速性

個人・法人を問わず、過大な債務を負担している債務者にとって、債務の整理が完了するまでに要する時間は短いほうがよいと思うのが一般的ですし、債権者にとっても、手続や内容が合理的であれば、同様に迅速に債務整理が進むことは望ましいことです。

したがって、手続選択において、迅速性の観点は重要です。

この点は、債権者の全員同意（消極的同意を含む）を要するか否かという観点で、私的整理手続と法的整理手続で違いが生じます。

　すなわち、私的整理手続においては、権利変更に債権者の全員同意を必要とするところ、案件によって、債権者の同意取得の困難さが異なることになり、要すれば、案件ごとに、迅速に手続が進むかどうかを判断する必要が生ずることになります。

　１社でも同意が得られない債権者があれば、当該債権者の同意を取得するためにさらなる時間を要する[64]ことになり、そうなれば、債務整理手続の完了に要する期間の見通しがつかないというケースも生じうることになります。

　一方で、法的整理手続のうち、破産手続の場合には、破産財団の換価手続および配当手続等に債権者の同意を要しない[65]ことから、債権者の同意が得られるかどうかに、手続の終了が左右されないことになります[66]。

　法的整理手続のうち、再生手続の場合には、債権額および債権者の多数による同意（小規模個人再生手続では消極的同意を含む）により計画案が認可されることから、計画案に反対する債権者が債権額および頭数のうえで少数であれば、債権者の同意取得のために迅速性が犠牲になることはありません。

　案件によっては、円滑な進行が見込まれる私的整理手続もあるでしょうし、法的整理手続の場合には、特に破産手続の場合、破産管財人による換価・調査等に時間を要することも当然にありうることからすれば、結局は、案件ごとに迅速に手続が進められるかを見極めるしかないということになるでしょう。当該事案において、円滑な処理を妨げる個別事情が存在しないかという観点から手続完了までに要する期間を見込むことになろうかと思います。

64　現在、東京地方裁判所にて行われている特定調停手続のように、他の準則型私的整理手続において一部の債権者から同意が得られなかった場合に利用可能な手続もあります。

65　債権認否等、債権の存否・金額に関する手続上の関与は生じます。

66　ただし、ここで個人事業主特有のポイントとして、破産手続とは別に免責を得なければ債務整理手続の実質的な意義を失うという点があり、かかる意味では、破産手続が迅速に終了するからといって、必ずしも、それだけでは意味を有しないことは留意すべきです。

　なお、準則型私的整理手続の場合のスケジュールの例として、中小企業活性化協議会の場合には、従来型が 6 カ月、検証型が 4 カ月とされていることも参考になります。[67]

(3)　確実性

　迅速性と並んで、債務者にとって、債務の整理が確実に完了する見込みがあるかどうかは重要です。

　この点も、債権者の全員同意（消極的同意を含む）を要するか否かという観点で、私的整理手続と法的整理手続で違いが生じます。

　すなわち、私的整理手続においては、債権者の全員同意を必要とするところ、最終的にどうしても全員同意を得られない可能性が生ずることからすると、私的整理手続において、「確実」に債務の整理が完了できるかといえば、そうではないということにならざるを得ません。

　一方で、法的整理手続のうち、破産手続のように、破産財団の換価手続および配当手続等に債権者の同意を要しない手続の場合には、少なくとも破産手続の終了にあたっては確実性があるといいうるでしょうし、免責手続についても、裁量免責も厳しいような特殊な案件は別論として、通常の場合は免責が得られるであろうという蓋然性を有するといえます。

　他方で、法的整理であっても、個人再生手続においては再生計画の可決要件を満たすかどうかという点で、債権者の意向に左右されざるを得ないともいえます。

　以上からすると、確実性の観点では、破産手続が最もよいということになりますが、私的整理手続においても、事前に債権者の内諾を取得したうえで進めることができれば、ほぼ確実に債務整理ができるといいうることからしますと、一概にいうことが難しく、結局は、案件ごとに確実性を見極めることになるでしょう。

67　「中小企業活性化協議会実施基本要領別冊 2 『再生支援実施要領 Q&A』35-3」を参照してください。

⑷　残存可能な資産の範囲・金額

　個人事業主にとって、生活の主体である個人と事業の主体である個人は一体であり、それゆえ、個人事業主の債務整理を行うにあたって、当該個人に残存可能な資産の範囲・金額は極めて重要です。

　もとより、リスケジュールでは対応しきれない場合に債務整理を行うわけですから、無制限に当該個人に資産を残存させることは困難ですが、一方で、債務整理手続によって、残存資産の範囲および金額が異なるのであれば、その観点で手続を選択することは合理的です。

　私的整理手続においては、理屈としては、全債権者の同意が得られれば、残存できる資産の上限額は決まっていないといえます。しかしながら、債権者の回収という観点では、通常は、破産手続と同様またはそれ以上の弁済がなされなければ債権者の同意を得にくいと考えられます。

　この点、経営者保証ガイドラインにおけるインセンティブ資産の考え方を個人事業主の債務整理手続においても採用できないか、すなわち、早期に債務整理手続に着手したことによって回収見込額が増加した場合には、当該増加額の範囲で残存させることができないか、という点は検討に値するものの、清算価値保障原則の観点から自由財産を超える財産は残すことができないと考えられます（コラム「インセンティブ資産」参照）。

　被災によって個人が債務整理を要する場合には、別途、自然災害ガイドラインに基づいて残存資産の検討が可能と考えられます。

　他方、破産手続の場合、自由財産（破産法に基づく差押禁止財産等も含みます）が残存資産となることになります。

　個人再生手続の場合は、最低弁済額と清算価値保障原則の関係で検討する必要があり、詳細は後述のとおりです（第4節1⑷参照）。

〈図13〉 残存可能な資産

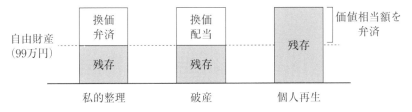

コラム

インセンティブ資産

　経営者保証ガイドライン7⑶③においては、いわゆるインセンティブ資産として、自由財産を超える資産を残すことが認められています。

　経営者保証ガイドラインにおいてインセンティブ資産を残すことができるのは、「保証人による早期の事業再生等の着手の決断について、主たる債務者の事業再生の実効性の向上等に資するものとして、対象債権者としても一定の経済合理性が認められる」（同ガイドライン7⑶③）という考え方によるものですが、個人事業主が債務を負っている場合にはどうでしょうか。

　一つの考え方として、債務を負っている個人が早期に事業再生等の着手の決断をしたことが「当該債務者たる個人の事業再生の実効性の向上等に資する」といえれば、債権者の経済合理性が認められる限り、当該個人の残存資産を増やせるのではないかと思うところです。

　たとえば、現時点で債務整理すれば300万円を弁済にあてられるところ、1年後に債務整理した場合には当該個人において資産を事業に投下することが予想され、結果的に100万円しか弁済することができないと見込まれる場合には、差額の200万円の範囲内でインセンティブ資産を残せるという考え方です。

　ただ、この場合、清算価値保障原則との関係で、現時点で債務整理した場合に債権者が得られる金額を下回る弁済を行うことが許容されないのではないかという疑問が生じます。

　この点、経営者保証ガイドラインにおいても、主債務の整理手続終結後に保証債務の整理を開始したときは、自由財産を超える残存資産を残すことができないとされており（経営者保証ガイドラインQ&A 7-20)、かかる趣旨が保証

債務のみで経済合理性（清算価値保障原則）を充足する必要があるとすれば、個人事業主の債務についても、別の主債務を観念した一体としての経済合理性を検討することができない以上、同様に、清算価値保障原則から自由財産を超える財産は残すことができないと考えられます。

　このように考えると、個人事業主の債務については、清算価値保障原則との関係で、経営者保証ガイドラインにおけるインセンティブ資産の考え方は直接援用することは困難であり、債権者との協議の参考とするにとどまるものと思われます。むしろ、個人事業主の債務整理においては、自由財産の拡張の一環として、いかなる残存資産を残せるかを検討するほうが現実的と考えられ、経営者保証ガイドラインによるインセンティブ資産という利点を受けるためには、法人成りをしておくべきといえるでしょう。

　また、上記の残存資産全般の考え方のほか、自宅を残存させることができるかという観点でも検討することが可能です。

　私的整理手続においては、もとより経済合理性は必要になるものの、究極的には債権者の全員同意が得られれば自宅を残存させることは可能です。その際も、前述のとおり、経営者保証ガイドラインにおけるインセンティブ資産の考え方を個人事業主の債務整理手続においても採用できないかという論点が関連すると思われるとともに、被災によって個人が債務整理を要する場合には、別途、自然災害ガイドラインに基づいて自宅不動産を残したり自然災害ガイドラインのコロナ特則を用いる場合には、住宅資金特別条項を含む調停条項案を活用することも可能です。

　これに対して、破産手続の場合、自宅不動産が破産財団に属する場合には、自宅不動産の価値が被担保債権の額を上回るか下回るか（いわゆるオーバーローンか否か）にかかわらず、管理処分権を有する破産管財人が第三者に対する任意売却による換価を試みるのが一般的といえます。その際には、通常、遅くとも任意売却までには自宅からの退去が必要となります。また、破産管財人による任意売却が困難な事情がある場合には、担保権者による担保不動産競売手続が行われることが多く、この場合にも退去が求められます。

　このため、破産手続を選択する場合に自宅への居住継続を希望するような
場合には、破産手続前に適正な金額での任意売却を行ったうえで当該売却先
から賃借を受けるか、または、破産手続における破産管財人による換価にお
いて、親族等に購入してもらい居住を継続する等の方法を検討する必要があ
りますが、前者については否認対象行為に該当しないか、後者については破
産管財人の判断を拘束するものではないことに留意が必要と思われます。

　また、個人再生手続においては、自宅に設定された担保が住宅ローンのみ
の場合（住宅に住宅資金貸付債権を担保する抵当権以外の担保権が設定されて
いると住宅ローン特則を利用できません（民再198条 1 項ただし書）ので、留意が必
要です）には、住宅資金特別条項を用いて住宅ローンの支払いを継続しつつ
自宅の居住を継続する方法が考えられますし、債務残高の関係で個人再生手
続を利用できない場合においては、通常再生手続を選択したうえで、住宅資
金特別条項を用いた弁済計画の策定をするという方法も考えられます。

〈図14〉　自宅の処理

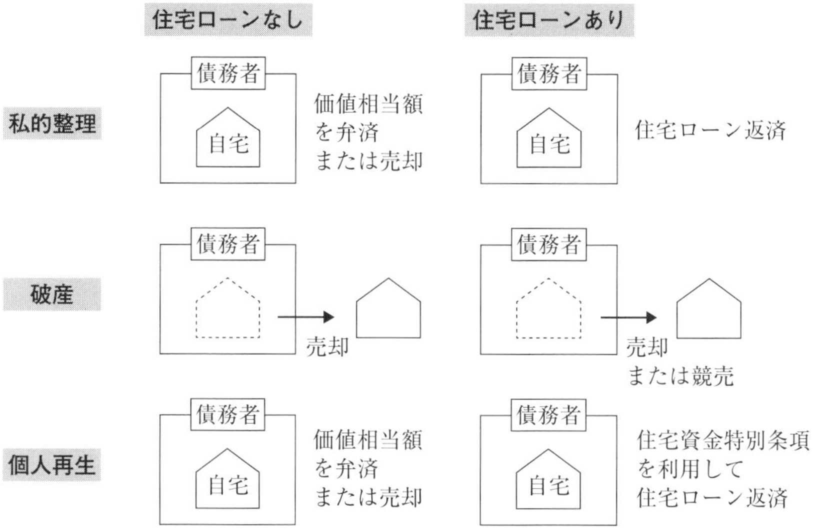

　以上からすると、残存可能な資産の範囲・金額の観点では、一概にどの手続が有利とはいえないものの、残存可能な資産の選択の許容性という観点では、債権者の同意を要する私的整理手続にメリットがありうるとともに、自宅不動産という観点においても、破産管財人が換価処分権を有する破産手続よりも、住宅資金特別条項を設けられる個人再生手続、また、経営者保証ガイドラインに基づくインセンティブ資産の考え方の活用、公正価額の弁済等によって自宅を残しうる私的整理手続のほうが債務者に有利といえます。

コラム

自宅の残し方

　個人事業主が債務整理を行うに際して、大きな心配事の一つが「自宅を残せるかどうか」です。家族の生活の本拠である自宅は何とか残したいという思いをもつ人は多いと思います。ただ、破産手続では、適正対価で親族等が買い取る場合は格別、原則として所有している自宅から退去しなければなりません。

　そこで、債務整理時に個人事業主が自宅を残す方法について、説明します。

1　自宅に住宅ローンが残っている場合

(1)　オーバーローンの場合の対応方法

　まず、自宅に住宅ローンが残っており、かつ、オーバーローンの場合の対応について説明します。なお、オーバーローンとは、住宅ローンの残額等の被担保債務が自宅の評価額を超過している場合を指します。

　一つ目の方法としては、住宅ローンの弁済が困難な場合にリスケジュールを行うことです。リスケジュールとは、弁済条件を変更することですが、1カ月あたりの弁済額の減少を想定するとよいと思います。住宅ローンを借り入れている金融機関に相談しましょう。

　二つ目の方法としては、自宅の任意売却です。親族等の支援を受けて、適正な価格で自宅を買い取ってもらったうえで、自宅に住み続ける方法です。ここでのポイントは、①支援を受けられる親族等の存在、②売却価格が適正な価額であること、③金融機関との協議が不可欠であること、と考えられます。

　三つ目の方法としては、個人再生手続です。民事再生法に基づく債務整理手

法であり、法的な手続となりますが、住宅資金特別条項を定めることによって、住宅ローンの返済を継続しながらその他の債務を整理することが可能です。ただし、住宅ローン以外の債務が5000万円を超えていないなど、個人再生手続に関する民事再生法上の要件（民再221条等）を充足する必要があります（住宅ローン以外の債務が5000万円を超えている場合も、通常再生手続の中で住宅資金特別条項を定めることも可能ですが、例は少ないと思われます。第5節3参照）。

⑵ オーバーローンでない場合の対応方法

次に、自宅に住宅ローンが残っているが、オーバーローンではない場合の対応について、一つ目（リスケジュール）と二つ目（任意売却）の方法を検討することが可能であることについては、⑴のオーバーローンの場合と同様となります。

三つ目の方法（個人再生）については、自宅の価値と住宅ローン残額によっては清算価値保障原則との関係で利用できない場合もありますので（第4節2⑶参照）、留意が必要です。

2　自宅に担保権が設定されていない場合の対応方法

自宅に担保権が設定されていない場合の対応については、前記1⑴の二つ目（任意売却）と同様、親族等の支援を受けて任意売却を行い、自宅への居住を継続する方法が考えられます。

3　自然災害や新型コロナウイルス感染症の影響を受けたことによって、住宅ローン等を弁済できなくなった個人の債務者の対応方法

自然災害または新型コロナウイルス感染症の影響を受けたことによって、住宅ローン等を弁済できなくなった個人の債務者については、自然災害ガイドラインおよびコロナ特則の活用によって、自宅を残すことが考えられます。詳細は自然災害ガイドラインおよび自然災害ガイドラインQ&A等をご確認ください。

なお、個人事業主の場合は利用できませんが、法人債務の保証人になっていた場合には、経営者保証ガイドラインに基づく債務整理手続によって、自宅を残す方法があります。その観点からは、法人成りを検討しておく意義があると思われます。

(5)　信用情報登録機関への登録の有無

　信用情報登録機関とは、信用情報を登録する機関（現在は、一般社団法人全国銀行協会、株式会社シー・アイ・シー（CIC）、株式会社日本信用情報機構（JICC））を指します。信用情報登録機関に、個人債務者が債務整理を行った事実その他の債務整理に関連する情報が登録されると、金融機関や貸金業者において当該情報が共有化されることになり、結果として、一定の間、債務者において与信を伴う取引を行いにくくなるという不利益が生じます。

　まず、破産手続においては、破産の事実自体が官報に公告されることとなり、信用情報登録機関にも登録されます。個人再生手続や通常再生手続についても同様です。

　一方で、私的整理手続においても、弁護士が受任したうえで私的整理手続を行う場合に、弁護士受任の事実が信用情報に登録されるのが一般的で、その意味では、私的整理手続においても信用情報登録機関に登録されるおそれがあります。

　この点、保証人に適用される経営者保証ガイドラインにおいては信用情報登録機関に債務整理を行った事実を報告・登録しないよう定められていること、また、自然災害ガイドラインも同様であることからすれば、殊に、個人事業主の私的整理においても、当該個人の再チャレンジを支援する観点から、これらのガイドラインを参考に、信用情報に登録されないよう金融機関等に説得を試みるべきと考えられます。

　なお、私的整理手続であっても、すでに長期延滞が生じている場合には、延滞情報が登録されることが通常であると思われます。その意味からも、延滞状態となってしまう前の早期の時点での債務整理が有用であるといえます。

(6)　費　用

　個人・法人を問わず、過大な債務を負担している債務者にとって、債務整

理のための費用の捻出は困難を伴うのが通常であるところ、特に個人事業主においては、通常、規模があまり大きくないことから債務整理のための費用は負担感が大きいと考えられます。

　一方で、支援する専門家としても、作業量や作業負荷に見合った費用の請求を行う必要があります。

　破産手続については、負債額、債権者数、資産の状況、従業員数等の総合的な観点で代理人弁護士費用や裁判所予納金等を想定することになります[68]。個人再生手続についても同様です。

　私的整理手続についても、結局のところ、負債額、債権者数等の規模や難易度を見極めながら決することになりますが、法的整理手続と異なる点とすれば、債権者の同意を要するという観点から、個人事業主の事業・財務等の状況を詳らかにするために、デューデリジェンス費用を要するとともに、第三者の立場から私的整理手続の適正性等を調査する第三者の費用をも要するという点です。

　かかる意味では、私的整理手続のほうが債務者の費用負担が大きいということになりますが、場合によっては、事業者の負担すべき手続費用の一部について、中小企業庁等の各種補助金[69]を活用できる場合もあります。年度によって補助制度の内容・補助金額は変動しますので、手続選択にあたっては、事業者の費用負担を軽減できる補助金の有無を確認し、補助内容等の詳細は同補助金の要綱等を参照して手続選択の考慮要素とすることが望ましいと思われます。

(7) 保有資格への影響

　個人事業主にとって、個人が有する各種資格は生活の糧を生み出す貴重な

---

[68] 裁判所予納金、印紙・郵券等の費用については、各地の裁判所によって運用が異なるため、管轄裁判所に問い合わせていただく必要があります。また、代理人の費用については各弁護士や法律事務所によって基準が異なりますので、個別に問合せを行ってください。

[69] 中小企業庁ウェブサイト「経営サポート『中小企業活性化協議会（収益力改善・再生支援・再チャレンジ支援）』」を参照してください。

存在であることも多いですが、破産手続においては、法律上、一定の資格に影響を及ぼすことは知られたことです（詳細は第Ⅰ章1⑷参照）。また、個人事業主が何らかの理由で法人の取締役を務めているような場合、破産によって法人との間の委任関係に基づく取締役の任は終了することになります。

　一方で、私的整理手続においては、あくまで債権者との合意による権利変更であることから、法律上、資格への影響は生じません。

　したがって、私的整理手続は（前述した信用情報登録機関への非登録もかなうのであれば、より一層）、債務者の再チャレンジに資するものといえます。

コラム

個人病院の再生・清算

　医療法1条の5第1項前段は、「この法律において、『病院』とは、医師又は歯科医師が、公衆又は特定多数人のため医業又は歯科医業を行う場所であつて、20人以上の患者を入院させるための施設を有するものをいう」と定めており、「病院」は法主体ではなく入院施設を伴う「場所」を指すものとして建て付けられています。したがって、いわゆる「病院」の倒産とは、病院の「開設者」の倒産を指すことになるため、個人が開設した病院の倒産の場合は、開設者個人の倒産の話ということになります。

　この点、個人経営の病院・クリニックにおいても、他の業種と異ならず、一般的には私的整理による再生が望ましいと思われますが、他の個人事業主との比較との観点では、法的手続、特に民事再生手続が有用な方法と考えられます。なぜなら、病院事業が、再生手続開始の申立てによる事業価値毀損が比較的生じにくい業態であること、また、病院は患者の生命および身体を預かっていることから、仮に破産に陥ってしまった場合には、入通院患者の生命および身体に深刻な影響を生じさせてしまうため、債権者に対して民事再生手続に対する協力を求めやすいことがあげられます（鈴木学ほか編『業界別事業再生辞典』（金融財政事情研究会、2015年）1226頁）。

　また、個人経営の病院・クリニックが破産に至った場合において、最も重要

視すべき点は、入院患者の有無の確認であり、仮に入院患者が存在する場合には、入院患者の生命・身体をいかに保護するかを考えるべきと思われます。申立代理人弁護士または破産管財人としては、生命身体の保護を最大限確保しながら、迅速な転院が行えるよう配慮が必要と思われます。

　この点、病院内に残置されている物のうち、診療録については、破産者個人が、病院の「管理者」として保存義務を負うことについては医師法上明らかですが（医師24条2項）、現実に従来の患者に対して診療行為を行うことができない破産者が保管しているよりも、現実に診察を受ける可能性の高い医療機関に引き継いでもらったほうが患者の便宜に資すると考えられます。破産管財人としては、行政と相談しつつ、病院施設の任意売却先での保管可能性等、可能な限り適当な場所での保存を模索する必要があります。そのほか、残置された薬物や医療機器等も納入業者に返品したり、リース物件は早急に引き揚げ手続を手配する等適切な方法で処理する必要が生じます。

　さらに、病床を有している病院が再生・破産に至った場合には、当該病床の承継・許可が可能かについて、行政と協議を行う必要も生じます。

　このように、個人が開設した病院・クリニックの再生・破産には、他の業種と異なる特色がありますので、多方面に配慮をしながら、再生・清算手続を進めていく必要があります。

第3節　私的整理

1　私的整理とは

　私的整理とは、法的整理によらずに、債務者と債権者との間の合意によって行われる債務整理の手続を指します。

　私的整理は金融機関のみを対象債権者とする秘密裏の手続であるのに対して、法的整理は商取引債権者も対象債権者として裁判所に申し立てる公知の手続であって、私的整理のほうが事業価値毀損の程度が小さく、再建の可能性も高まる点に特徴があるといえます。この点は、法人・個人で異ならない私的整理の特徴です。

　また、法人の場合には、法人の資産を事業に供しているため、その資産すべて（優先的に控除する費用等は除く）が債権者の弁済原資となりますが、個人事業主の場合、個人資産を事業に供していることから、破産法上の自由財産等、個人の手元に残せる財産として許容される範囲が論点になり得ます。[70]

　なお、リスケジュール、すなわち、借入れの返済条件の変更も私的整理の一種ですが、本書では経営改善の手法の一つとしてリスケジュールを取り上げるため、第II章1を参照してください。

　以下、過剰債務の解消のために債権放棄を要する私的整理を想定して、個人事業主の私的整理の手法および進め方を概観します。

2　私的整理の手法

　私的整理の手法については、特段の第三者的な立場を擁しないで、債務者

70　個人事業主においても、再生・廃業後の再チャレンジのため、解釈として、経営者保証ガイドラインのインセンティブ資産に類する理屈によって、私的整理において、破産よりも多くの個人資産を残存させる余地もあり得ますが、前述のように、清算価値保障原則との関係のほか、税務上の解釈が確立していないことも留意すべきと思われます。

と金融債権者との間の相対で交渉を進める純粋な私的整理（本章第1節2(1)参照）と、第三者機関または第三者を介して、債務者と金融債権者との間の利害調整または計画の検証を行う準則型私的整理（本章第1節2(2)〜(4)参照）があります。

後者については、公的機関である中小企業活性化協議会によるスキーム、裁判所の特定調停手続を利用する特定調停スキーム、株式会社地域経済活性化支援機構による REVIC スキーム等がありますが、令和4年3月に策定された中小企業の事業再生等に関するガイドライン（第三部）において、中小企業の私的整理手続一般の進め方が整理されました。[71]

〈図15〉　中小企業活性化協議会によるスキーム

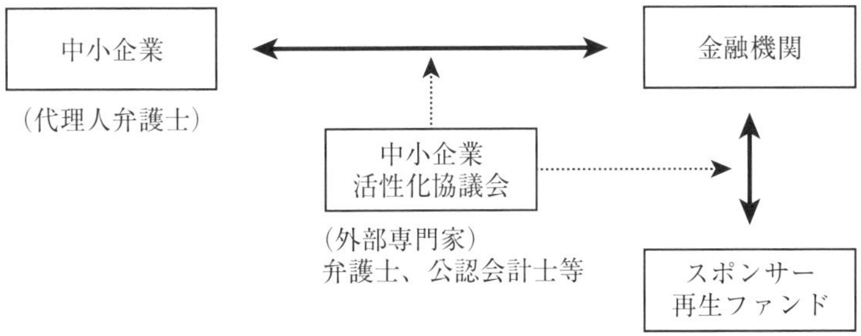

〈図16〉　中小企業の事業再生等に関するガイドライン

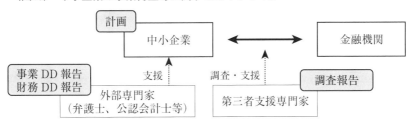

中小企業の事業再生等に関するガイドラインの対象となる「中小企業者」には個人事業主も含む（中小企業の事業再生等に関するガイドライン Q&A の Q

71　個人事業主の私的整理手続について悩みをもった専門家等が第三者からの意見等を求める場合には、まず、各都道府県の中小企業活性化協議会の窓口相談を活用するとよいと思われます。

３）と解されていること[72]から、以下、同ガイドラインが定める私的整理手続の進め方において概説します。なお、私的整理は債務者と債権者の合意によって成立するものですから、必ずしも同ガイドラインに則って進めなければならないものではありませんが、一般的な進め方として大いに参考になります。

3　私的整理の進め方

(1)　再生型私的整理手続

まず、再生型私的整理手続の場合、中小企業者が、同手続の利用を検討するに際し、必要に応じて、外部専門家（弁護士、公認会計士、税理士、中小企業診断士等の専門家）と相談しつつ、第三者支援専門家の候補者を公表されたリストから選定したうえで、主要債権者に対して、同手続を検討している旨を申し出るとともに、第三者支援専門家の選任について、主要債権者全員からの同意を得て、同第三者支援専門家において再生支援を行うことが不相当ではないと判断した場合には同支援等が開始されます。

中小企業者は、必要に応じて一時停止要請を行い[73]、一定期間内に事業デューデリジェンス、財務デューデリジェンスを行ったうえで事業再生計画案を立案します。

この点、法人の私的整理に係る事業再生計画案においては、大きく分けて、自主再建をめざす計画案とスポンサーへの事業譲渡等によって事業の再建をめざす、いわゆる第二会社方式による計画案があり得ます。

しかし、個人事業主において第二会社方式による計画案が成立しうるかという観点では、個人においては、法人でいう旧会社の通常清算または特別清

---

[72]　なお、中小企業の事業再生等に関するガイドライン第三部２(3)においては、「なお、本手続は主に株式会社等が利用することを前提とし、手続のための各要件を定めているものの、個人である中小企業者が利用するにあたっては、本手続の趣旨に反しない限りにおいて、適宜、必要な範囲内の読替（例：株主責任等の適用有無）を行うことを妨げない」とされています。

[73]　一時停止要請とは、すべての対象債権者に対して、一定の期間の元金返済の猶予を要請するとともに、与信残高の減少等の行為を差し控えるよう要請するものです（『中小企業の事業再生等に関するガイドライン』Q&AのQ46参照）。

算が存在しないことから、金融機関等の債権者の理解を得がたい可能性があり、個人事業主においては、法人における第二会社方式は、進め方に相当の留意が必要と思われます。

第三者支援専門家は、並行して、中小企業者等との協議・検討を行ったうえで、事業再生計画案に対する調査報告書を作成します。

対象債権者は、債権者会議で示された事業再生計画案と調査報告書を踏まえて、金融支援の可否を検討・判断します。

対象債権者全員の同意が得られ、事業再生計画が成立した場合には、その後、3事業年度をめどにモニタリングを行います。

〈図17〉　再生型私的整理手続の流れ

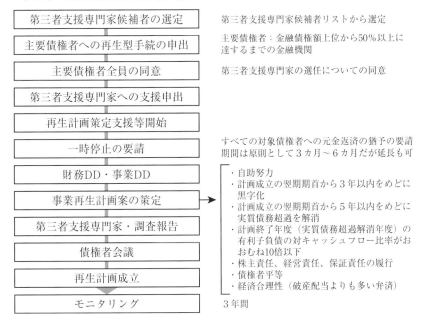

第三者支援専門家候補者の選定　　第三者支援専門家候補者リストから選定

主要債権者への再生型手続の申出　　主要債権者：金融債権額上位から50%以上に達するまでの金融機関

主要債権者全員の同意　　第三者支援専門家の選任についての同意

第三者支援専門家への支援申出

再生計画策定支援等開始

一時停止の要請　　すべての対象債権者への元金返済の猶予の要請期間は原則として3カ月～6カ月だが延長も可

財務DD・事業DD

事業再生計画案の策定
・自助努力
・計画成立の翌期期首から3年以内をめどに黒字化
・計画成立の翌期期首から5年以内をめどに実質債務超過を解消
・計画終了年度（実質債務超過解消年度）の有利子負債の対キャッシュフロー比率がおおむね10倍以下
・株主責任、経営責任、保証責任の履行
・債権者平等
・経済合理性（破産配当よりも多い弁済）

第三者支援専門家・調査報告

債権者会議

再生計画成立

モニタリング　　3年間

(2)　廃業型私的整理手続

次に、廃業型私的整理手続の場合、中小企業者が同手続の利用を検討する

に際し、外部専門家とともに、主要債権者に対して、廃業型私的整理手続を検討している旨を申し出るとともに、外部専門家は主要債権者の意向を踏まえて、事業デューデリジェンス、財務デューデリジェンスおよび弁済計画策定の支援等を開始します。

　中小企業者は、主要債権者全員からの同意を得た場合には、必要に応じて一時停止要請を行い、一定期間内に弁済計画案を立案します。また、外部専門家とともに、第三者支援専門家の候補者を公表されたリストから選定し、主要債権者全員からの同意を得て、同第三者支援専門家を選任します。

　第三者支援専門家は、弁済計画案に対する調査報告書を作成します。

　対象債権者は、債権者会議で示された弁済計画案と調査報告書を踏まえて、金融支援の可否を検討・判断します。

　対象債権者全員の同意が得られ、弁済計画が成立した場合には、その後、モニタリングを行います。

〈図18〉　廃業型私的整理手続の流れ

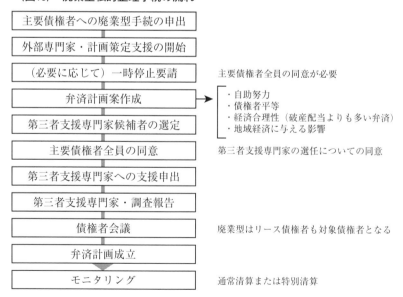

コラム

個人事業主の私的整理での抜本的な債務整理は難しい

　債務超過に陥った個人事業主が、私的整理手続において、債権放棄を含む抜本的な債務整理を受けることは難しいと思われます。その要因はいくつかあります。
　①　金融機関側に債権カットに応じる動機づけが薄いこと
　　　個人事業主の事業規模が比較的小さいことが多く、かつまた信用保証協会による保証（とりわけ地方公共団体が損失補填を行う制度保証）がなされているケースが多く、債権放棄に必要な組織内手続コストを払ってまで事業継続をさせる動機づけを欠くことがあげられます。
　②　債権放棄に必要な専門家コストの負担が困難であること
　　　個人事業主の事業規模が比較的小さなことが多く、財務・事業デューデリジェンス費用や代理人弁護士費用等の専門家コストを負担することが難しいケースが多く、専門家による支援が受けがたいケースがあることがあげられます。
　③　第二会社方式による債権放棄が使えないこと
　　　準則型私的整理手続において、法人が抜本的な債務整理を受ける場合には、会社分割や事業譲渡の手法を用いて、収益性ある事業を譲渡し、それ以外を特別清算手続において整理するという手法（いわゆる第二会社方式による債権の実質放棄スキーム）を利用することが多いです。しかし、個人事業主の場合、会社分割・特別清算といった会社法上の制度が利用できないことから、事業譲渡＋残存債務の直接放棄を受けるしかありません。この場合、金融機関内における手続コストが著しく高くなります。
　これらの事情から、私的整理手続において、債権放棄を含む抜本的な債務整理を受けることは非常にハードルが高くなっています。中小企業活性化協議会等の準則型私的整理手続においても、債権放棄を含む抜本的な債務整理の計画が策定された実例はほとんどないものと思われます。
　法人の場合は、法的整理前に、私的整理での経営改善・抜本的債務整理を順次検討することが通常ですが、個人事業主の場合は、私的整理での経営改善では対応が難しい場合には、法的整理手続による債務整理を選択することが多い

ように思われます。個人事業主の債務整理の場合、法人で選択可能な手続が利用困難な場合があるという点には留意が必要です。

第4節 個人再生

1 個人再生とは

(1) 特 徴

　個人事業主が、金融機関からの借入れや仕入れ（買掛け）の返済に困窮している状況で、事業を継続しながら、債務の一部の減免を受けて事業を再建する手段として、個人再生手続があります。

　個人再生手続は、民事再生法第13章に定められた民事再生手続の特則です。再建型の手続で、破産手続のように手元にある財産を換価して債権者に支払いをする清算を前提とした手続ではなく、将来の収益等から債権者に支払いをしていく手続です。また、破産手続と異なり、債務者自身が手続を主導する手続（DIP型手続と呼ばれます）です。[74]

　小規模な個人事業主の場合、債務の金額がそこまで多額ではなく、債権者数や利害関係人の数もそれほど多くないことから、担保で保全されていない負債の総額が5000万円以下[75]の場合には、株式会社等の一定の規模以上の中小企業において利用することが想定されている通常の民事再生（以下、「通常再生」といいます）[76]手続の特則であり、より手続が簡素化・合理化された個人再生手続を利用することができます。[77]

---

[74] Debtor In Possession（占有を継続する債務者）の略です。

[75] 条文上は「再生債権の総額（住宅資金貸付債権の額、別除権の行使によって弁済を受けることができると見込まれる再生債権の額及び再生手続開始前の罰金等の額を除く。）が5千万円を超えない」（民再221条1項）ことが要件とされています。「再生債権」とは、「再生債務者に対し再生手続開始前の原因に基づいて生じた財産上の請求権」です（民再84条1項）が、基本的には再生手続開始の時点で負担している債務です。

[76] 法律上、通常再生は利用対象者に限定はなく、法人・個人、事業者・非事業者のいずれも利用することができます。

[77] 条文上は、通常再生を基礎として特則を定め、通常再生の規定の適用除外を定める方法がとられていることから、一見して理解しにくい法律になっています。

　申立ての際に裁判所に納めなければならない予納金（民再24条）の金額も、個人再生の場合は15万円～30万円程度で足り、通常再生と比べてかなり低額となっています。さらに、後述する個人再生委員が選任されない場合には、申立てに要する費用は印紙代・郵券代のみ（合計約２万4000円程度）で済むことになります（弁護士等の費用は別途必要になります）。

〔表２〕　個人事業主の通常再生の予納金（東京地方裁判所の例）

	負債総額	予納金
従業員を使用していないか、または従業員として親族１人を使用している場合		100万円
親族以外の者または２人以上の親族を従業員として使用している事業者（従業員が４人以下である場合に限る）	１億円未満	200万円
	１億円～５億円未満	300万円
	５億円～10億円未満	400万円
	10億円～50億円未満	500万円
５人以上の従業員を使用している事業者	１億円未満	300万円
	１億円～５億円未満	400万円
	５億円～10億円未満	500万円
	10億円～50億円未満	600万円

　そのため、個人事業主が民事再生手続を利用する場合、担保で保全されてない負債の総額が5000万円を超えている等の特別な理由がない限り、個人再生を利用することになります。

　民事再生法に基づく法的手続（法的整理）ですので、私的整理（任意整理）と異なり、債権者全員の同意は必要ではなく、法律上の要件を満たせば、一部の債権者の反対があっても、債務の減免を受けることができます。

　他方、破産等の他の法的倒産手続と同様に、金融機関の債権者も商取引の債権者も平等に取り扱う必要があり（債権者平等の原則）、個人再生手続の中で一部の取引先に対する債務について、他の債権者より先に支払ったり、多く支払ったりすることができません（ただし、少額の債権についての例外はあります。民再229条１項・244条）。

(2)　通常再生との異同

　前記のとおり、個人再生は通常再生の手続をより簡素化・合理化したものです。通常再生では、監督委員（民再54条）や調査委員（民再62条）が選任され（いずれも通常、弁護士が選任されます）、手続を監督・調査することになりますが、個人再生の場合それらの者は選任されません。

　他方、個人再生の場合は、裁判所を補助する機関として個人再生委員（民再223条1項・244条）が選任されることがあります（通常、弁護士です）。

　東京地方裁判所では、個人再生事件の全件で個人再生委員が選任される運用ですが、原則として個人再生委員が選任されない運用をとる裁判所もありますので、申立てをする際に、事前に管轄裁判所の実務運用を確認する必要があります。[78]

　個人再生委員の職務には、①手続の開始決定をすることが相当であるか意見を述べる、②再生計画案（後記(4)）の策定の助言、③再生計画案等に対する意見を述べる等があります。前記のとおり、個人再生手続は再生債務者が主導するDIP型の手続であるため、個人再生委員が必要な範囲で第三者としての見地から意見を述べることになります。

　原則として個人再生委員が選任されない運用をとる裁判所においても、債務者本人が申し立てる場合（司法書士が申立てに関与している場合を含みます）には、個人再生委員が選任される運用となっていることが多いようです。また、個人事業主の場合には、事業の状況を踏まえて再生計画に基づく弁済の履行可能性等を判断するために、個人再生委員が選任されることもあります。

　個人再生手続では、手続を簡略化するため、債権調査手続や財産調査手続が簡略化されていて、手続の中で債権が実体的に確定することはありません。また、債務者の財産を減少させる行為や債権者間の平等を害する行為の

78　全国倒産処理弁護士ネットワーク編『個人再生の実務Q&A 120問』266頁〔野村剛司〕（金融財政事情研究会、2018年）。

効力を否定する否認権の規定も適用されません（民再238条・245条）[79]。

　なお、個人再生の要件を満たす場合でも通常再生を利用することは可能ですが、実際に利用されることはほとんどありません（利用が想定される場合として、106頁を参照してください）。

(3)　個人再生の類型

　個人再生には、①主に個人事業主を対象とした小規模個人再生（民再221条1項）と、②主に会社員を対象とした給与所得者等再生（民再239条1項）の二つの類型があります。

〔表3〕　個人再生の類型

	利用要件	再生計画案の決議	弁済額
小規模個人再生	将来において継続的にまたは反復して収入を得る見込みがある	裁判所の定める期間内に再生計画案に不同意と回答した議決権者が、①議決権者総数の半数に満たず、かつ、②その議決権額が議決権総額の2分の1を超えないときは、再生計画案の可決があったものとみなす	以下のうち最も高いもの ①　再生債権額基準 ②　清算価値保障原則
給与所得者等再生	①　将来において継続的にまたは反復して収入を得る見込みがある ②　給与またはこれに類する定期的な収入を得る見込みがある ③　収入の変動の幅が小さいと見込まれる	なし	以下のうち最も高いもの ①　再生債権額基準 ②　清算価値保障原則 ③　可処分所得額2年分

　小規模個人再生は、「将来において継続的に又は反復して収入を得る見込み」がある者を対象として、債権者の多数決（ただし、反対の意思を示さない限りは同意したものと扱われます（消極的同意））によって事業および生活を再

---

[79]　高木新二郎＝伊藤眞編『講座倒産の法システム第2巻（清算型倒産処理手続・個人再生手続）』（日本評論社、2010年）276頁〔山本和彦〕。

建する手続です。

　給与所得者等再生は、「給与又はこれに類する定期的な収入を得る見込み」がある者を対象とした、債権者の同意を要しない手続ですが、債権者に意思に関係なく進行する代わりに、少なくとも一定の基準で算出した可処分所得の2年分（民再241条2項7号）を原則3年間で弁済することが必要になります。給与所得者等再生は、小規模個人再生の特則としてさらに手続が簡素化されています。

　個人事業主の場合でも、給与所得者等再生手続を利用できる可能性があるという見解もありますが[80]、前記の「給与又はこれに類する定期的な収入を得る見込み」があるといえない場合も多く、ほとんどの場合、小規模個人再生が利用されています。そのため、以下では小規模個人再生を念頭において、説明します。

コラム

会社員も小規模個人再生手続を利用することが多い

　本文で述べたとおり、制度が創設された当初は、会社員等の給与所得者が給与所得者等再生を、それ以外の個人事業主等が小規模個人再生を利用することが想定されていました。

　しかし、給与所得者等再生では、弁済額の算定の基礎となる可処分所得を算出する際の生活費等が生活保護の基準に準拠している（民再241条3項）ため、一定の収入がある場合、その基準に基づいて算出すると可処分所得が大きくなり、弁済額が小規模個人再生と比べて高くなることや、小規模個人再生でも債権者の反対により再生計画が不認可となる事例があまりみられなかったことから、現在では会社員等の給与所得者についても、ほとんどの場合に小規模個人再生が利用されています。

　令和4年度の司法統計によると、全国の裁判所の個人再生事件の終結件数合計1万351件のうち、小規模再生が9581件（約92.5%）、給与所得者等再生が

80　全国倒産処理弁護士ネットワーク編・前掲（注78）11頁〔鬼頭容子〕。

770件（約7.5％）です。

⑷　弁済額および弁済方法

　小規模個人再生では、再生計画案を策定して裁判所に提出し、債権者の（消極的）同意および裁判所の認可を受けて、その再生計画に従って弁済をしていくことになります。

　小規模個人再生での計画弁済総額（従前の債務について、債権者にいくら支払う必要があるか（どのくらい減免を受けられるか））は、再生債権額基準による弁済額と、清算価値（民再231条1項・174条2項4号）の高いほうとなります。

　再生債権額基準による弁済額は、以下の〈図19〉のとおり、①3000万円超5000万円以下の場合は10分の1（民再231条2項3号）、②1500万円超3000万円以下の場合は300万円、③500万円超1500万円以下の場合は5分の1、④100万円以上500万円以下の場合は100万円、⑤100万円未満は基準債権の総額（同項4号）と定められています。

〈図19〉　再生債権額基準による弁済額

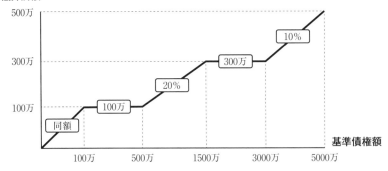

84

　以上により決まった金額を、原則 3 年間で、「特別の事情」[81]がある場合は最長 5 年間で支払うことになります（民再229条 2 項）。

　再生手続開始後の利息・損害金については、再生計画で定めることにより、免除を受けることが一般的です。

コラム

個人事業主に個人再生手続はあまり利用されない？

　本文で述べたとおり、個人再生手続は個人事業主等が利用することを想定されて創設された制度ですが、「2020年破産事件及び個人再生事件記録調査」（日本弁護士連合会消費者問題対策委員会）によれば、個人再生を利用した者のうち「自営・自由業」が5.49％にとどまっていることからも、個人事業主が個人再生をあまり利用していないことがうかがえます。この数値は以前の調査からもあまり変わらず、むしろやや減少しています（2017年の調査では6.29％）。

　その理由としてさまざまな理由が考えられます。

　たとえば、債務の返済に窮している個人事業主が行っている事業を継続して再建するだけの事業価値は見出せない、取引先の協力が得られない、事業に必要な設備等が担保に入っていて事業の継続ができなくなってしまう等の理由が考えられます。

　また、支援する専門家（弁護士）側の事情として、個人事業主が個人再生を利用する場合に必要となる、取引の継続や事業の継続のための対応に慣れておらず、任意整理や破産等の他の手続を選択しがちなのではないかという指摘もあります（第一東京弁護士会総合法律研究所倒産法研究部会編『中小企業のための民事再生手続活用ハンドブック』（金融財政事情研究会、2021年）523頁）。

　しかし、本文で述べたような個人事業主が個人再生手続を利用する場合のポイントさえ押さえておけば、個人事業主の債務整理の選択肢の一つとして、個人再生手続を有効に活用することができます。

81　一般的に、最低弁済額と再生債務者の収入とを比較して、3 年間の弁済期間では、再生計画案の履行が困難であるという具体的な事情があれば「特別の事情」があるといえます。鹿子木ほか編・前掲（注60）334頁〔岡智香子＝佐藤恵美〕。

2　個人再生を検討する際の着目点

(1)　事業に収益性があること

　大前提として、個人事業主が営んでいる事業が収益を生んでいる、あるいは、収益を生む見込みがあることが必要です。

　個人再生の場合、再生手続の開始の申立て後および再生手続の開始後もその事業を継続し、その収益を元手に過去の債務の一部を支払っていくことになりますし（前記1⑷のとおり、弁済額の基準が存在していますので、その弁済を実現できるだけの収益を確保しなければなりません）、事業を継続するためには、新たな仕入れや固定費等の費用の支払いも必要となります。

　事業が収益を生むものであるかどうかを検討するために、まず、事業収支実績表を作成してみるとよいでしょう。また、個人再生手続の利用と並行して経営改善を行い、収益の改善を試みることも考えられます（経営改善については第Ⅱ章を参照してください）。

　事業が収益を生む見通しが立たない場合には、その事業を継続する合理的理由に乏しく、また、再生手続の開始を申し立てた後に頓挫してしまうと、それまで再生手続に協力してくれた債権者（取引先）に、より迷惑をかけてしまうことにもなりかねません。

　これに対し、たとえば、現在の事業は堅調であるものの、過去の設備投資に起因する債務が過大となっているような場合や、債務が増大した原因が、本業とは別の、たとえば有価証券等への投資による失敗等の場合は個人再生の利用が適しているでしょう。

〈図20〉　事業収支実績表

年　　月						月平均額
収入（合計額）						
現金売上額						
売掛金回収額						
商業手形割引額						
商業手形割引額						
その他の収入						
支出（合計額）						
現金仕入額						
買掛金支払額						
支払手形決済額						
人　件　費　額						
その他の支出						
支払手数料額						
その他						
差引過不足						
前月繰越						
翌月繰越						

＊申立て前6カ月分の事業収支状況について、事業の実体を記録した帳簿等から、月ごとの売上額等の収入額、仕入額、経費等の支出額、その月の事業利益額を整理して記載してください。

＊支出のその他の経費については、電気代、ガス代、水道代、電話代、保険料、ガソリン代等、その具体的内容を［　］内に記載したうえで金額を記載し、それに含まれないその他の支出についてはその他の欄の［　］内に具体的内容を記載したうえで金額を記載してください。

(2)　事業の継続に必要な資産の有無、利用継続の可否

㈠　器具・工具、在庫商品等の動産類

　個人事業主の場合、一定の器具や工具等を利用して事業を行っていることが多いと思われます。職業に必要な動産のうち、業務に欠くことのできない一定のものについては、差押禁止動産（民執131条）として、破産手続をとった場合でも手元に残すことができますが、それらに該当しない在庫商品や備品等は破産手続では換価されることになります。

　換価の対象となる財産であっても、破産手続において自由財産の拡張や破産管財人に当該財産の対価を支払うことで、換価の対象から除外する手続（破産財団からの放棄といわれます）をとってもらうことにより、それらを手元に残すことができる場合もありますが、個人再生ではそれらの財産を換価する必要はなく、そのまま手元に残して利用を継続することができます。

㈡　リース物件

　自動車や機械類等についてリースを組んでいる場合、たとえば、個人事業主であるタクシー運転手が車両をリースし、その債務が残っている場合、破産するとリース車両は引き揚げられてしまいますので、その車両を利用することはできなくなってしまいます。

　新たに車両を調達するにも、信用情報に登録されてしまうため、信用取引では車両の調達はできなくなってしまいます。

　しかし、個人再生においては、リース債権者と協議のうえ、弁済協定を締結することができれば、支払いを継続することで、その使用を継続することができます。この点については後で詳しく述べます。

㈢　不動産

　事業の拠点となっている自己所有の土地・建物（店舗や工場など）に（根）抵当権が設定されている場合、破産手続ではそれらの土地建物は売却等により処分することになりますが、個人再生の場合、（根）抵当権者と別除権協定を締結することができれば、それらの不動産の利用を継続することが可能

となります。この点についても後で詳しく述べます。

(エ)　必要な資産がない場合

　逆に、特段事業の継続に必要不可欠な資産がなかったり、債務整理をしたうえでもなお他から安価で調達することが可能であったりするのであれば、債務の全額が免責され、今後の経済的負担がより小さくなる破産手続を選択したうえで、事業を継続する方法も考えられます。

〔表4〕　事業継続に必要な資産の処理

	破産	個人再生
事業に必要な動産	換価	残存（ただし清算価値保障）
事業利用のリース物件	引揚げ	弁済協定により継続可能
事業利用の不動産	換価	別除権協定により継続可能

(3)　住宅ローンを組んで購入した自宅を手放したくない場合

　個人再生では、住宅資金特別条項（民再196条以下）を利用し、住宅ローンを組んで購入した自宅に関して、住宅ローン債権者に対して、他の債権者とは異なり、全額支払うことで、自宅を手元に残すことができます[83]。

　また、住宅資金特別条項を利用する場合、住宅ローンの債権額は、前記1(1)の個人再生の利用要件である負債総額5000万円以下の金額にはカウントされません。

　住宅資金特別条項を定めた再生計画案については、裁判所から住宅ローン債権者の意向を聴取します（民再201条2項）が、住宅ローン債権者の同意は

82　個人再生の利用にあたり、別除権協定の締結を視野に入れる場合、再生計画とは別に別除権の対象物件の価値相当額の弁済が可能かどうかを検討する必要があります。この点について、履行テストを活用した対策にふれるものとして、石川貴康ほか「個人再生事件における弁護士の役割」事業再生と債権管理175号（2022年）78頁を参照してください。

83　後記の同意型を利用する場合は、住宅ローンの一部の減免の余地はありますが、そのような例はほとんどないと思われます。通常再生でも、住宅資金特別条項を利用することは可能です。

不要であり、住宅ローン債権者が反対の意見を述べた場合でも、再生計画案が可決され、裁判所が認可した場合には、住宅ローン債権者の権利も再生計画にしたがって変更されます（ただし、前述のとおり金額は減額されません）。

　したがって、個人事業主が住宅ローンを組んで自宅を購入し、債務整理後も自宅を手元に残すことを希望する場合には、破産ではなく個人再生の利用を検討することになります。

　住宅資金特別条項には、①期限の利益回復型（従前どおりの支払いを継続する、いわゆる「そのまま型」もしくは「正常型」を含みます）、②リスケジュール型、③元本猶予期間併用型、④同意型の四つの類型がありますが、実務上は①の中でもそのまま型（正常型）が利用されるケースが非常に多いです。[84]

　住宅ローンに保証会社がついていて、保証会社が債務者に代わって住宅ローンを代位弁済した場合は、代位弁済をした日から6カ月以内に再生手続開始の申立てをしなければ、住宅資金特別条項を利用することができなくなってしまう（民再198条2項）ので注意が必要です。保証会社が代位弁済をした場合であっても、住宅資金特別条項を定めた再生計画が成立したときは、代位弁済はなかったものとみなされます（民再204条1項）（「巻き戻し」といわれています）

　なお、自宅が事業の事務所等に兼用している場合、住宅資金特別条項を利用するためには、「自己の居住の用に供される部分」の床面積が2分の1以上でなければならないという要件（民再196条1号）がありますので、注意してください。[85]

　また、個人事業主の場合、自宅不動産に、住宅ローンの後の順位で事業用の借入れについての抵当権等が設定されている場合がありますが、その場合は認可決定時までに抵当権等を抹消できなければ住宅資金特別条項を利用す

84　各類型の詳細については法曹会編『例題解説個人再生手続』（法曹会、2019年）143頁以下を参照してください。

85　石川貴康ほか・前掲（注82）を参照してください。その他、夫婦または親子がそれぞれ住宅ローンを組んで共同で自宅を購入している場合（ペアローン）の問題点については法曹会編・前掲（注84）191頁以下を参照してください。

ることができません。[86]

　さらに、近時多くみられるのですが、住宅ローンを借り入れる際に、従前利用していたフリーローンやオートローン等の残債の返済資金もまとめて借り入れて債務を一本化している場合（おまとめローン）や、新しく住宅ローンを組んで自宅を購入する際に、以前に住宅ローンを利用して購入した自宅を売却して残ったローンの返済資金を、新たな自宅の住宅ローンに含めて借入れしている場合（住替えローン）は、住宅資金特別条項を利用できない場合がありますので、この点も住宅資金特別条項を利用した個人再生の可否を検討する際に確認する必要があります。[87]

　その他の留意点として、住宅ローンの返済が進む等して、不動産の価格から住宅ローンの残額を控除しても余剰価値が生じる場合、その余剰価値は清算価値（前記1(4)）に計上する必要があり、清算価値が返済額の基準になると、住宅ローン以外に再生計画にしたがって弁済する金額が相当高額となることがあり、履行可能な再生計画を策定することが困難となる事案もありますので注意が必要です。

〈図21〉　住宅資金特別条項

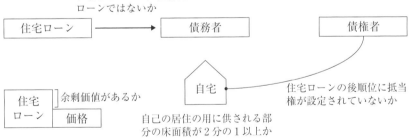

86　この場合、別除権協定を締結することで、自宅を残す余地はあります。鹿子木ほか編・前掲（注60）285頁〔岡伸浩＝堀田次郎〕。
87　詳細は鹿子木ほか編・前掲（注60）393頁〔安齊浩男＝鹿田あゆみ〕、全国倒産処理弁護士ネットワーク編・前掲（注78）205頁〔鈴木嘉夫〕、法曹会編・前掲（注84）168頁、増永謙一郎ほか「個人再生事件における諸論点」事業再生と債権管理174号（2021年）22頁を参照してください。

⑷　破産のような資格制限・欠格事由がないこと

　債務者が破産手続の開始が欠格事由となる、弁護士、司法書士、公認会計士、税理士、社会保険労務士等の士業や保険外交員、警備業、宅地建物取引業等の職業（→5頁）に就いている場合、破産手続を利用すると、復権するまでの間、資格を失うこととなりますので、事業を一旦止める必要があります。そのような場合は個人再生手続が適しているといえます。

⑸　免責不許可事由があっても利用可能であること

　債務者に破産法252条1項に定める免責不許可事由があり、破産手続を利用しても免責を得ることが難しいと考えられる場合でも、個人再生を利用することができるため、そのような事情がある場合には個人再生を検討することになります。

　具体的にはギャンブルや投資で失敗して負債が増えた場合や7年以内に破産免責を受けている場合等があげられます。

　ただし、給与所得者等再生の場合は7年以内に破産・再生で免責された場合には利用できません（民再239条5項2号）。

　なお、ギャンブル等が原因で債務が増えたというような場合は、個人再生を申し立てた後もギャンブル等を継続していると、再生計画の履行も困難と判断されて債権者から再生計画に反対されたり、裁判所の認可が受けられなかったりすることも考えられますので、そのようなことがないように債務者に注意を促すべきです。[88]

　また、代理人弁護士等から債権者に受任通知を送付した後にも浪費があった場合、裁判所からその間に費消した金額を清算価値に計上することを求められることがありますので、その点も留意が必要です。[89]

---

[88]　また、債務の増大した原因としてギャンブル等による浪費の程度があまりにも著しい場合、そのことを理由に債権者が再生計画案に反対をする可能性も否定はできません。

[89]　小川貴寛「個人再生手続における民事再生法25条4号の不当目的・不誠実申立ての解釈」金法2204号（2023年）43頁。

3 個人再生利用の障害となりうる事情

(1) 取引先が取引を継続してくれないことが確実である場合

個人再生では、前記のとおり他の法的倒産手続と同様にすべての債権者を平等に取り扱う必要があります（債権者平等の原則）。

そのため、個人再生を利用することで、今後事業の継続に不可欠な取引先（たとえば必要不可欠な原材料等の納入先等）が、取引を継続してくれないことが明らかである場合は、事業を継続しての個人再生の利用は難しいといえるでしょう（この点は、破産手続で事業を継続する場合にも同様に問題となります）。

そのような場合は、私的整理を検討することも考えられます。すなわち、私的整理の場合は、仕入れ先等の商取引債権者を除外して、金融債権者のみを減免の対象とすることができます（→72頁）。

もっとも、商取引債権の取扱いについては運用上の工夫の余地があります。詳細については後述します。

(2) 大口債権者が反対の意向を示している場合

前記のとおり、小規模個人再生では、再生計画案が可決されるためには債権者数の頭数の2分の1以上および債権額の2分の1以上の同意（ただし、消極的同意で足ります）が必要です。したがって、大口の債権者が反対していて説得も難しく、それらの要件を満たさない可能性が高い場合には、小規模個人再生は適さないといえます。[90]

個人再生が利用できないような場合でも、取引先が従前の買掛金等の債務の支払いをせずに、取引を継続してくれるようであれば、破産手続を利用して事業継続をする方法（→126頁）も検討できます。

---

[90] 給与所得者等再生手続の場合は、債権者の同意は不要とされているので、その場合は、給与所得者等再生手続も検討できますが、前述のように、個人事業主の場合は、「給与所得者等」に該当する事例は多くはないと思われます。

(3)　多額の滞納公租公課がある場合

　会社員の場合は、公租公課を滞納しているということはあまり多くありません が、個人事業主の場合は、公租公課（消費税、従業員を雇用している場合 の社会保険料等）の滞納が多額に上る事案もよくみられます。滞納とはなっ ていなくとも、近時はコロナ禍での納税猶予の特例等を利用していたため、 未納付の公租公課が非常に多額となっていることもあり得ます。

　公租公課は再生手続が開始しても、一般優先債権（民再122条）として支払 わなければならず、減免の対象にもなりませんし、中止命令や包括的禁止命 令（後記7）の対象とされておらず、滞納処分を止めることもできないた め、滞納処分を受けてしまうと事業の継続が不可能となる可能性がありま す。そのため、公租公課庁と分割で弁済する等の協議をする必要がありま す。

　債務者自身が、「税金や社会保険は支払いを待ってくれる」と話していて も、いざ申立てをすると、そうではない場合もままありますので、債務者の 話のみから、安易に分割弁済の協議が可能と判断して申立てをせず、事業の 収支から公租公課庁が応じられるような内容で分割弁済が可能かどうかを資 料に基づいて確認する必要があります。

　また、可能であれば事前に公租公課庁と協議し、分割納付について書面で 合意をすること考えられます（ただし、そのような例は多くはないと思われま す）。

　債務者本人が申し出ても公租公課庁が分割弁済の協議に応じてくれない場 合には、弁護士が間に入って、事業を継続することで十分に滞納公租公課を 支払っていけることを説明し、理解が得られるように働きかけることも考え られますが、弁護士が間に入ることを契機として滞納処分を受ける可能性も あるため、換価可能な事業用資産（売掛金等）があることが明らかである事 案ではその点にも留意が必要です。[91]

91　以上につき、全国倒産処理弁護士ネットワーク編・前掲（注78）22頁〔佐藤昌己〕を参照してください。

　なお、公租公課の滞納分は一般の再生債権に優先する債権であるため、清
算価値（前記1⑷）から控除することが可能です[92]。

4　手続の進め方・流れ

⑴　個人再生手続の流れ

個人再生手続（小規模個人再生）の流れは、〈図22〉のとおりです。

〈図22〉　個人再生手続の流れ

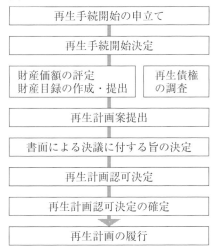

⑵　再生手続開始の申立てに必要な書類等

　各地の裁判所によって多少異なりますが、再生手続開始の申立てに必要な
書類等は、一般的には以下のとおりです。各裁判所において書式が用意され
ていることもありますので、事前に確認するとよいでしょう。
　・申立書
　・債権者一覧表

92　鹿子木ほか編・前掲（注60）266頁〔石田憲一＝伊藤康博〕を参照してください。

・陳述書

・家計収支表

・事業収支実績表

・住民票の写し（マイナンバーの記載がないもの）

・財産目録およびその裏づけ資料

・確定申告書の写し等債務者の収入の額を明らかにする書面

・住宅ローンの契約書、返済予定表、不動産登記事項証明書等（住宅資金特別条項を定める場合）

・委任状（弁護士に委任する場合）

(3)　再生手続開始の申立てにあたっての確認事項

再生手続開始の申立てにあたって確認すべき事項は、以下のとおりです。

① 履行可能性

　　ⓐ 収益の見通し

　　ⓑ 弁済額の算出（清算価値基準・債権額基準[93]）

　　ⓒ 非減免債権の有無（後記8参照）

② 反対する債権者の有無

③ 担保物件・リース物件の処理

④ 租税公課の滞納の有無

⑤ 住宅資金特別条項の利用の可否

5　商取引先の対応

(1)　総　論

　会社員等の個人再生では、通常弁護士からすべての債権者に対して受任通知（債務整理開始通知）を送付して支払いを停止し、債権額等について調査を行ったうえで申立てをすることになるため、最初に相談を受けてから再生

93　給与所得者等再生の場合は可処分所得基準も加わります。

手続開始の申立てまでは、早くとも数週間の時間を要することが通常です。

　個人事業主の場合、一定期間取引ができなくなると事業の継続がままならなくなってしまうので、受任後早期に再生手続開始の申立てをして再生手続開始決定を出してもらう必要がありますが、現状の運用では、一定の資料を揃えて再生手続開始の申立てをすることが求められており、受任から再生手続開始の申立てまでの間に一定の時間を要することが通常です。[94]

　そのため、再生手続開始の申立ての前後および再生手続開始決定に至るまでの間、商取引債権の支払いをどうするかを申立てにあたって慎重に検討する必要があります。

　その前提として、再生手続において商取引債権は発生時期によって、債権の性質が異なることから、それぞれどのように扱われるかを、正確に理解しておく必要があります。

　まず、最も大きな区分として再生手続の開始決定が出されると、再生手続開始決定の時点で発生している債務（再生債権）の弁済は禁止されます（民再85条）。

　また、再生手続開始の申立て後に発生した債務（〔表5〕イ）については再生手続開始決定前に、または裁判所の許可を得て、開始決定後に支払うことができ、再生手続開始決定が出た後に発生する債務（〔表5〕ウ）については、約定どおり返済をすることができます。

　このように、再生手続開始の申立て以降に行った商取引による債務は、その発生時期によって条文上の根拠や手続は多少異なりますが、結果として、全額支払いをすることができます。

　そのため、問題となるのは、支払いを停止した（受任通知を送付した）時点ですでに発生している債務および支払停止後、再生手続開始決定までの間に生じた債務の取扱いをどうするかという点です（〔表5〕ア）。

94　個人再生事件の多くが会社員等の申立てであり、裁判所もそれを基本として運用している点に問題があるように思われます。山本克己ほか編『新基本法コンメンタール民事再生法』（日本評論社、2015年）547頁〔野村剛司〕を参照してください。

〔表5〕　債権の区分

受任通知	ア　再生債権	再生手続開始の申立て	イ　再生債権（共益債権化可能）	再生手続開始決定	ウ　共益債権
	再生手続開始後は弁済禁止（民再85条1項） 再生手続開始前の弁済は偏頗弁済		・原則 再生手続開始前は弁済可能 再生手続開始後は弁済禁止（民再85条1項） ・例外 共益債権化の許可（民再120条1項）により再生手続開始後に弁済可能		弁済可能（民再121条1項）

(2)　受任通知送付後、再生手続開始の申立て前

　弁護士からの受任通知は、公租公課等を除いて[95]、すべての債権者に同時に送付し、支払いを停止することが基本です。

　そのため、商取引先についても受任通知送付前に発生していた債務の支払いはせず、民事再生手続を利用することを説明し、理解を得て、受任通知送付以後は現金決済（キャッシュオンデリバリー）（いわゆる「同時交換的取引」（破162条1項参照）であり否認の対象とはなりません）をすることで取引を継続してもらうことが考えられます[96]。

　また、事業に不可欠な取引先について、受任通知を送付すると取引を停止されることが確実な場合に、当該取引先については受任通知を送付せず、取引を継続しながら申立ての準備をすることも考えられます。しかし、受任通知を送付して支払いを停止した後に、一部の債権者に弁済をすることは、破産手続であれば否認権行使の対象となりうる偏頗弁済（破162条）にあたりうるもので（ただし、否認の成否は相手方の主観（善意・悪意）にもよります）、

95　全国倒産処理弁護士ネットワーク編・前掲（注62）379頁〔久米知之〕を参照してください。

96　資金繰りの改善のため、再生手続開始の申立て後の取引については、適宜のタイミングで、支払サイトを延ばしてもらうように交渉することが考えられます。

そのような方法をとることに一定のリスクがあることも否めません[97]。

　そのほか、できるだけ商取引債権の約定支払期日を踏まえ、残高が少ないタイミングで受任通知を送付し、その後速やかに再生手続開始の申立てをすることも考えられます（事案によっては、受任通知を送付しないで再生手続開始の申立てをする（「密行型」といわれることがあります）ことも検討すべきです）[98]。

　いずれの方法による場合でも、受任通知を送付してから、できる限り早期に申立てをすべきであるということに変わりはありません。

　なお、民事再生法85条の規定に基づいて、開始決定後に少額債権の弁済許可制度を利用して支払いをすることも考えられますが、その要件として、①再生債務者を主要な取引先とする中小企業が、その有する再生債権の弁済を受けなければ、事業の継続に著しい支障を来すおそれがあるとき（民再85条2項）、②少額の再生債権を早期に弁済することにより民事再生手続を円滑に進行することができるとき（同条5項前段）、③少額の再生債権を早期に弁済しなければ再生債務者の事業の継続に著しい支障を来すとき（同項後段）に該当する必要があり、債務者が個人事業主の場合、利用できる場合はかなり限定されます。

⑶　再生手続開始の申立て後、再生手続開始決定までの間の取引

　再生手続開始の申立て後、再生手続開始決定までの間に生じた債務につい

97　不当な目的による申立て（民再25条4号）であるとして却下されたり、破産した場合に否認権の対象となるべき偏頗弁済であるとして、支払った金額を清算価値に計上することを求められたりする場合があります。全国倒産処理弁護士ネットワーク編・前掲（注78）99頁〔千綿俊一郎〕。この点、清算価値に計上する額については、破産手続において破産管財人が否認権を行使する際に相手方からの回収可能性や回収に係る費用相当額等も考慮して算定すべきであるという指摘があります。日本弁護士連合会倒産法制等検討委員会編『倒産処理と弁護士倫理──破産・再生事件における倫理の遵守と弁護過誤の防止』（金融財政事情研究会、2013年）292頁〔野村剛司〕。なお、その金額を清算価値に計上したとしても、再生計画における弁済額が債権額を基準に定まる場合には、結果的に弁済額に影響がない場合もあります。

98　受任通知と取引債務の対応について工夫例を検討したものとして、石川ほか・前掲（注82）76頁以下を参照してください。

ては、再生手続開始決定前であれば弁済を禁止する規定はありませんので、支払いが可能ですし[99]、裁判所の許可（民再120条1項）を得て、再生手続開始後に支払うことが可能な共益債権（民再121条1項）とすることで、再生手続開始決定後に支払いをすることも可能となります。

(4)　再生手続開始決定後の取引

　民事再生法上の共益債権（民再121条1項）となり、通常どおり弁済することができます。

コラム

再生手続開始の申立て時ではなく支払停止を基準時とすべきではないか

　本文で述べたとおり、裁判所の現在の運用では、個人事業主が個人再生を申し立てる場合でも、受任から再生手続開始の申立てまでに一定の準備期間を要することが通常であるため、どうしても受任通知送付後から再生手続開始の申立てまでの間に一定の期間を要することが通常です。

　再生手続開始の申立て後、再生手続開始決定までの間の取引について、再生手続開始決定前に支払うことが問題とされていないことや、裁判所の許可を得て共益債権として、再生手続開始決定後も支払いをすることができることからすると、受任通知を送付した後の期間に生じた債務についても、債務者が通常の取引の範囲内で、約定に従って弁済を行う限りは、その後の再生手続開始の申立てを「不当な目的で再生手続開始の申立てがされた」（民再25条4号）と解することは相当とは思われませんし、また、受任通知時を基準時として、その後、必要性を吟味したうえでなされた取引に対する支払いである限り、否認の対象となるべき偏頗弁済には該当しないと解するのが相当と思われます（日本弁護士連合会倒産法制等検討委員会編『個人の破産・再生手続──実務の到

99　実質的に考えても、再生手続開始の申立てをした後であるにもかかわらず、取引を継続してくれた取引先の債務を支払わないということは相当ではないと思われますし、逆にその支払いができないのであれば、取引を継続してくれる先はいなくなってしまい、事業の継続が不可能となってしまいます。

達点と課題』（金融財政事情研究会、2011年）183頁〔千綿俊一郎〕）。

6 リース物件・担保物件の処理

⑴ リース物件・担保物件の性質

　再生手続において、リース物件、譲渡担保、所有権留保等の担保に入っている物件については、それらの担保権を有する債権者は別除権者（民再53条1項）と呼ばれ、再生手続開始後も自由に権利を行使することができます。そのため、それらの目的物の利用を継続する場合には、一定の手続が必要になります。

　なお、担保権者が再生手続において担保権の存在を主張するためには、動産であれば引渡し、不動産であれば登記等（いわゆる「対抗要件」）を備えている必要があり（民再45条）、対抗要件を備えていない場合には、債務者の無担保の財産として取り扱われることになります。

⑵ 弁済協定・別除権協定

　自動車や機械、什器備品等についてリースを組んでいる場合や分割払いで完済まで売主に所有権が留保されている場合については、それらが事業の継続に必要なものである場合には、実務上、弁済協定を締結して、民事再生法119条2号または5号の共益債権として手続開始後も支払いを継続するということが行われています。

　前記2⑵で例にあげたタクシー運転手がリース車両を利用しているような場合です。その場合、従前どおりの弁済を継続する内容で合意がなされることが一般的です。

　実務上、弁済協定が締結されるのは、業務上必要な自動車や価値がそれほど高くない動産類が多く、それらについては、正確な評価が困難なことも多

100　全国倒産処理弁護士ネットワーク編・前掲（注78）47頁〔谷貝彰紀〕。

いことや、目的物の価値と残債の差がそれほどない場合が多いこと、債権額も不動産や高価な設備機器等に担保が設定されている場合と比較して高額ではなく、従前の支払いを継続しても他の債権者への影響も大きくないと思われること、目的物を利用しなければそもそも事業を継続することが不可能となってしまうことなどから、そのような取扱いも許容されています[101]。

弁済協定を締結して、開始決定後も従前どおり支払うことが予定されているものについては、受任通知送付後、再生手続開始の申立てまでの間に支払いを継続していても特段問題とすべきではないと思われます[102]。

(3)　不動産や高価な設備機器等

不動産や高価な設備機器等については、担保権者（別除権者）と交渉のうえ、目的物の価値の範囲内で支払いをする合意である、別除権協定を締結することが考えられます。個人医院の診療所の土地建物について別除権協定が認められた事例もあります。

別除権協定を締結することを検討している場合は、財産の評価をするまでは正確な価値が把握できないことから、前記(2)の場合と異なり、原則として一旦支払いを停止することになります。その場合でも、担保権者は、目的物の価値の範囲では優先権を確保していることや、目的物の換価にも一定の労力と費用を要することから適正な価値を算定して支払うという協議には応じてくれる場合が多いと思われます。

なお、一般に別除権を有する債権者に対しては、担保価値の範囲内であれば、受任通知送付後に支払いをしても、否認権の一般的要件である有害性がなく支払いが偏頗弁済に該当しないとも考えられる[103]ことから、そのような観点から支払いを継続するかどうかを検討することもありうるところです。

101　このような取扱いは、個人再生に特有のものであるという指摘があります。日本弁護士連合会倒産法制等検討委員会編『個人の破産・再生手続――実務の到達点と課題』（金融財政事情研究会、2011年）240頁〔野村剛司発言〕。
102　高木＝伊藤編・前掲（注79）302頁の注179を参照してください。
103　高木＝伊藤編・前掲（注79）302頁の注179を参照してください。

⑷　裁判所の許可の要否

　弁済協定、別除権協定については、各地の裁判所で裁判所の許可を得る必要があるかについて異なります。東京地方裁判所は裁判所の許可が必要とされています[104]が、大阪地方裁判所は不要とされています[105]。

　再生手続開始決定が出されると、弁済協定や別除権協定が予定されている債権者についても弁済は禁止されますので、前記⑵の別除権協定・弁済協定を締結したうえでなければ弁済をすることができないのでその点には注意が必要です。

7　中止命令・保全処分

　再生手続が開始されると、債務者に対する強制執行等の手続は当然に中止または失効します（民再39条1項）[106]が、事案によっては申立てから再生手続開始決定までの間に債務者の財産の散逸を防止し、債権者間の衡平を図るために、他の手続の中止命令等（民再26条）、包括的禁止命令（民再27条）、仮差押えその他の保全処分（民再30条）、担保権の実行手続の中止命令（民再31条）という制度が、個人再生においても利用することができます。実務上、個人再生で利用されている例はあまり多くはありません[107]が、個人事業主の場合にはそれらの措置が利用すべき事案もありうるところです。

8　労働債権

　従業員の労働債権については、民法上一般の先取特権が認められていますので（民306条2項・308条）、再生手続では一般優先債権（民再122条）として随時支払うことになります。

104　鹿子木ほか編・前掲（注60）282頁〔岡伸浩＝堀田次郎〕。
105　川畑正文ほか編『はい6民ですお答えします──倒産実務Q&A』（大阪弁護士協同組合、2018年）504頁。
106　前記のとおり、公租公課の滞納処分を止めることはできません。
107　会社員等が給与差押えをされている場合に、中止命令が申し立てられる事例はあります。また、住宅資金特別条項を利用する場合には、別途抵当権の実行手続の中止命令（民再197条1項）が用意されています。

　また、再生手続開始後の労働債権は、「再生債務者の業務に関する費用の請求権」（民再119条2号）として、随時支払うことができます（民再121条1項）。

9　非減免債権の取扱い

　債務者が悪意で加えた不法行為に基づく損害賠償請求権、債務者が故意または重大な過失により加えた人の生命または身体を害する不法行為に基づく損害賠償請求権、婚姻費用分担請求権、養育費請求権などの債権は非減免債権（民再229条3項・244条）であり、再生手続によって減免することはできません。しかし、非減免債権も再生債権であり、他の再生債権と同様に、再生手続内で個別の権利行使はできず、再生計画に基づく弁済期間中は再生計画で定められた一般的基準に従って弁済を行い、弁済期間満了後に、弁済の終わった額を控除して残額を一括して支払うことになります（民再232条4項・244条）。

　そのため、非減免債権がある場合には、再生計画に基づく弁済が終了した後、どのようにその支払いをするかを検討しておく必要があります。

10　個人再生手続が頓挫した場合の対応

(1)　再生計画認可に至る前に頓挫した場合

　任意整理や、再度の個人再生手続[108]を申し立てることが考えられます。また、破産手続開始の申立てをすることも考えられます。

　個人再生手続が頓挫した場合、裁判所は職権で破産手続開始決定をすることができることになっています（民再250条1項。「牽連破産」といいます）が、個人の債務者が任意整理の手続へと方針を変更することや、再度の個人再生手続を行うことができる利益を確保するため、ほとんどの裁判所では、

108　小規模個人再生が頓挫した場合、債権者から反対の意見を出された場合には、給与所得者等再生を利用することも考えられますが、個人事業主がその要件に該当することが少ないことは前述のとおりです。

原則として牽連破産とはならない運用をしています。

(2)　再生計画認可後に頓挫した場合

やむを得ない事由がある場合には、再生計画で定められた債務の最終の期限から2年を超えない範囲で債務の期限を延長する（再生計画の変更（民再234条1項・244条））ことが考えられます。

一定の金額（4分の3）以上弁済を継続している等の要件を満たす場合には残債務の免責を受けられるという制度（民再235条）（「ハードシップ免責」ともいいます）もあります。

また、前記(1)と同様に、再度の個人再生手続を申し立てることや、破産手続開始の申立てをすることも考えられます。その場合、従前の再生債権は再生計画による減免前の金額に戻る（民再190条1項）ことになります[109]。

なお、再生計画どおりに弁済をしないと、債権者から再生計画の取消しの申立て（民再189条1項2号）がなされることもあります。

11　課税関係

会社等の法人の（通常の）民事再生の場合は、債務免除益による課税関係も考慮する必要があります。他方、個人の場合、所得税法および相続税法で、債務者が資力を喪失して債務を弁済することが著しく困難であると認められる場合の債務免除益については、収入金額に算入せずまたは贈与とみなさないことになっています（所得44条の2第1項、相続8条ただし書）。個人再生を利用する場合は、これに該当すると考えられますので、課税されることはありません[110]（→162頁）。

109　なお、文献において、住宅資金特別条項を利用した個人再生手続を利用して、再生債権の弁済について履行を完了し、住宅ローンについてのみ返済を継続している場合に、新たに住宅資金特別条項を定めた個人再生の申立てを行った場合は再度の申立てには該当せず、民事再生法190条1項の適用はないという裁判所の運用が紹介されていますが（芝裕史「ロクミン通信 倒産手続Q&A（Vol.24）」金法2198号（2022年）81頁）、各地の裁判所によって、運用は統一されていないようです。
110　橘素子『企業再生の税務——民事再生・会社更生・破産手続詳説』（大蔵財務協会、2020年）111頁。

第5節　通常再生

1　通常再生の利用が想定される事案

　個人事業主が事業を継続しつつ債務整理を行う場合や、住宅ローンが残る住宅を維持したまま債務整理を行う場合、簡易迅速な手続である個人再生を利用するのが通常です。しかし、無担保債権が5000万円を超える場合は個人再生が利用できないため（民再221条1項）、通常再生の利用を検討することになります。

2　個人再生との相違点

　通常再生と個人再生の違いは以下のとおりです。

(1)　予納金

　通常再生では原則として監督委員が選任され、その職務は個人再生委員よりも広範にわたることから、予納金も個人再生に比べて高額です。事業規模にもよりますが、この点が個人事業主が通常再生を利用することが難しい主たる要因と考えられます。予納金の基準は各地で異なりますが、参考までに東京地方裁判所と大阪地方裁判所の予納金の基準は以下のとおりです。

〔表6〕　予納金の基準（例）

東京地方裁判所[111]	大阪地方裁判所[112]

111　鹿子木ほか編・前掲（注60）105頁、舘内比佐志ほか編『民事再生の運用指針』（金融財政事情研究会、2018年）60頁。
112　川畑ほか編・前掲（注105）511頁、森純子＝川畑正文編『民事再生の実務』（商事法務、2017年）21頁。

個人再生	全件個人再生委員選任 標準15万円	負債総額が3000万円を超える個人事業者の場合、個人再生委員選任 原則30万円
通常再生	①従業員なし or 従業員親族 1 人 　100万円 ②親族以外 or 2 人以上の親族を従業員 　負債額 1 億円未満　200万円 　負債額 1 億円以上　法人基準から100万円を控除した額 ③5 人以上の従業員 　法人基準と同じ	①従業員なし or 従業員が同居の親族 　100万円以上 ②これ以外の事業者 　法人の予納金の目安から100万円を控除した金額（負債額 1 億円未満の場合であれば200万円以上）

(2)　監督委員

　前述のとおり、通常再生では原則として監督委員が選任され、個人再生委員よりも広範囲な監督を受けることになります。[113]

(3)　債権調査・確定

　個人再生では債権者一覧表の提出義務があり（民再221条 3 項）、債権者一覧表に記載されている再生債権者は届出をしなくとも債権届出をしたものとみなされますが（以下、「みなし届出」といいます）（民再225条）、通常再生では債権者一覧表の提出義務はなく、みなし届出の制度もありません。

　債権調査により再生債権が確定するところ、個人再生は個人再生手続内での手続内確定にとどまりますが（民再238条・245条による第 4 章第 3 節の適用除外）、通常再生では実体的確定（民再第 4 章第 3 節（99条）以下）であり、届出も自認もなければ再生債権は原則として免責されます。

---

[113]　個人再生委員について、東京地方裁判所では全件選任されていますが、その他の多くの庁では事案ごとに必要に応じて選任されています（全国倒産処理弁護士ネットワーク編・前掲（注78）266頁参照）。

⑷　弁済額・弁済方法

　個人再生では債権額を基準とした最低弁済額の定めがありますが（→84頁）、通常再生ではそのような規定は存在しません。なお、最低弁済額の定めはありませんが、破産における配当（清算配当率）を上回る弁済をすべきという清算価値保障原則は充足しなければなりません（民再174条2項4号）。

　また、個人再生では、最終の弁済期を再生計画認可決定確定日から3年後の日が属する月中の日（特別の事情がある場合は、最長5年内）としなければなりませんが（民再229条2項2号）、通常再生では、特別の事情がある場合を除き、債務の期限が再生計画認可決定確定から10年間とされています（民再155条3項）。

⑸　再生計画案の可決要件

　個人再生では、再生計画案に不同意と回答した議決権者が、①議決権者総数の半数に満たず、かつ、②その議決権額が議決権総額の2分の1を超えないときは、再生計画案の可決があったものとみなされます（民再230条6項（消極的同意））。通常再生では、頭数と議決権額の計数は同様ですが、個人再生と異なり積極的同意が必要です。

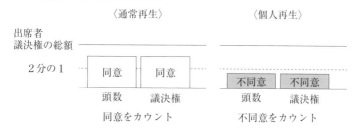

〈図23〉　通常再生と個人再生の比較

⑹　履行監督

　個人再生は、再生計画認可決定確定により当然に終結し（民再233条）、個人再生委員による計画履行の監督はありません。通常再生は、再生計画認可決定確定後3年間、監督委員が再生計画の遂行を監督しますが（民再186条2項・188条2項）、裁判所の運用によっては監督委員の履行監督がなされない場合もあります。[114]

3　通常再生の課題とメリット

　通常再生の予納金は、窮境に陥った個人事業主にとって高額であることは否めませんが、通常再生では個人再生のような弁済額規制はなく（清算価値保障原則のみ）、弁済期間も最長10年と個人再生よりも長くなっているため、柔軟な再生計画を立案することができます。たとえば、住宅の評価が住宅ローン債権額を大きく上回り、清算価値が大きくなった結果、3年または5年での弁済が困難な場合、予納金が準備できるのであれば、通常再生を利用して住宅を残しつつ（住宅資金特別条項の利用）、弁済期間を10年とすることも検討の余地があるでしょう。

114　大阪地方裁判所では手続コストを下げるため、履行監督を行わない運用とされています（森＝川畑編・前掲（注112）387頁参照）。

第6節　破　産

1　総　論

(1)　継続中の事業の処遇

　事業継続中の個人事業主の破産手続開始の申立てに際しては、継続中の事業について、①廃業してから破産をする、②事業ないし事業用資産を第三者に譲渡をしてから破産をする、③事業を継続しながら破産をする、という三つの選択肢が考えられます。

　申立代理人としては、当該個人事業主や債権者、関係者に与える影響を最小限に抑えつつ（まるい清算[115]）、当該個人事業主が経済的再生を図るための選択肢として何がベストとなるのかを検討する必要があります。

〈図24〉　事業の処遇と破産手続開始の申立て

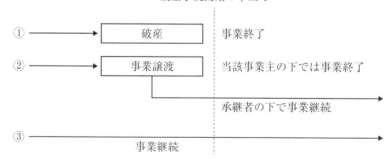

---

[115]　野村剛司編著『実践フォーラム破産実務――手続選択から申立て・管財まで〔補訂版〕』（青林書院、2024年）17頁・315頁・362頁。

(2)　個人事業主特有の問題──①非免責債権の存在（特に租税等の請求権と労働債権）

　個人事業主の破産申立てに際して特に考慮すべき点の一つとして、事業で生じた租税等の請求権や労働債権が非免責債権となる点があげられます。

　日々の資金繰りに窮する状態となった際、金融機関からの債務や商取引債務の支払いを優先させたため、租税等の債務の額が相当額に膨れ上がってしまうことがあります。また、労働者に対する給与等の遅配が生じていることもあります。

　法人代表者の破産手続では、法人代表者が連帯保証をしていたなどの事情がない限り、法人に対する租税等の請求権や、法人が雇用していた従業員等に対する労働債権の支払債務を法人代表者が負うことはありません。

　これに対して、個人の破産手続では、租税等の請求権や雇用関係に基づいて生じた使用人の請求権および使用人の預り金の返還請求権は、非免責債権とされています（破253条1項1号・5号）。

　このため、破産手続を選択するにしても、これらの債務が多額となってしまった後になってしまうと、免責を受けることができない結果、破産後の経済的再生や再チャレンジの大きな足かせになってしまいます。

　租税等の請求権や労働債権の支払いは、前者は破産法163条3項により、後者は不当性が認められないため、否認権行使の対象となる偏頗弁済にはあたりません（前者につき166頁参照）。

　破産後の経済的再生や再チャレンジを見据えると、残された手元資金を租税等の債務の支払いにあてることも検討する必要があります。

(3)　個人事業主特有の問題──②事業用資産と私的な財産との未分離

　経営者保証ガイドラインでは「法人と経営者との関係の明確な区分・分離」が求められています（経営者保証ガイドライン4(1)①）。

　法人と経営者との関係の明確な区分・分離をすることにより、経営者保証に依存しない融資の促進につながるほか、債務整理局面においても残存資産の範囲に特段の配慮がなされることになります。

　これに対して、個人事業主においては、事業用財産と私的な財産とが明確に分離されていないか、むしろ一体化している例もあります。

　この点が個人事業主の債務整理局面で円滑な整理を難しくする原因となっています。

2　廃業してから破産を選択する場合

(1)　すでに廃業済みの個人事業主から依頼を受けた場合 ──基本的な流れは消費者の破産手続開始の申立てと 同じ

　廃業から相当程度の時間が空いている場合や、事業規模がごく小規模な場合の破産手続開始の申立ての準備は、消費者破産における準備と大きく変わるところはなく、当該個人事業の内容、廃業時期等を報告書にまとめて裁判所に提出することになります。

　個人事業主の破産手続開始の申立ては、破産管財人による調査が必要であるとして管財事件に振り分けられることが多いものと思われますが、すでに廃業済みの個人事業主の場合には、同時廃止事件として進行できる余地があります。

　たとえば、東京地方裁判所では、過去に事業を営んでいた個人事業主について、①負債額（おおむね500万円が目安）、②負債内容（商取引債権者や労働者がいないか、いてもわずか）、③廃業時期、④清算状況（売掛金、在庫商品、什器備品、賃借物件の処理等）といった要素を総合判断し、同時廃止事件として進行する余地があるとされています[116]。

　また、大阪地方裁判所では、個人事業主であるからといって一律に管財事

116　中山孝雄ほか編『破産管財の手引〔第2版〕』（金融財政事情研究会、2015年）80頁。

件になるわけではなく、負債額、事業内容、営業していた時期および期間、申立代理人による調査の状況、債権者の意向等によっては、同時廃止事件として進行することが全く否定されるわけではないとされています[117]。

　同時廃止事件として進行すれば、予納金額や手続負担が軽減されます。

　申立代理人としては、上記の各考慮要素を念頭におき、同時廃止事件として進行する余地がある事案であれば、上記の各考慮要素を踏まえた詳細な報告書を提出したうえ、同時廃止相当との意見を付けて破産手続開始の申立てを行うことが検討できます。

　もっとも、裁判所が管財事件に移行することを指示する可能性があることも念頭におき、個人事業主に対してもあらかじめ管財事件となった場合の予納金額や手続負担を説明しておきたいところです。

コラム

個人事業主の同時廃止での自己破産の事例

　個人事業主が、自己破産手続を選択し、同時廃止にて債務整理をした事案がありましたので、事例を紹介します。

　当該事業主は、電気設備関係の一人親方として、いくつかの得意先から二次・三次請けをする形式で事業を営んでいました。かつては、数名の従業員を雇用していましたが、自己破産手続の申立てのタイミングでは、従業員の雇用はなく一人で業務を行っていました。

　負債の内容としては、政府系金融機関からの借入れに加え、複数のカードローン会社、消費者金融からのキャッシングがありました。金融機関からの負債が生じたきっかけは、閑散期の運転資金補填等でしたが、利払いのために本人名義のカードローン・消費者金融からの借入額が増加し、さらなる利払いのために同居の家族名義でのカードローンなどが増加する状況にありました。

　そのため、個人事業主のみならず、同居の親族も同時に自己破産手続の申立てを行いました。当地の破産事件の運用上も個人事業を現に営む者の場合には

117　川畑正文ほか編『破産管財手続の運用と書式〔第3版〕』（新日本法規、2019年）14頁。

管財事件での処理が原則なのですが、管財事件に移行した場合には、裁判所予納金の長期積立てが必要になるという説明を行ったうえで、破産原因や換価可能性の不存在について丁寧に上申することで、例外的に同時廃止での処理がなされたものです。閑散期で売掛金が少ないタイミングでの自己破産手続の申立てであったこと、事業用資産に換価可能なものが乏しかったことも特徴であったと思います。

　個人事業主は、その後も同一の事業を継続することができた事例となります。

(2)　事業継続中の個人事業主から依頼を受けた場合──基本的な流れは法人の破産手続開始の申立てと同じ

　事業を廃業してから間もないタイミングで破産手続開始の申立てをする個人事業主の申立ての準備は、法人の破産手続開始の申立ての準備とほぼ同様です[118]。

　日々の資金繰り確認、事業停止日の設定、財産の保全、従業員対応、仕掛中の事業等の処理、事業用賃借物件の明渡しなどを同時並行的に検討し、準備をしていくことになります。

　また、申立代理人報酬と裁判所への予納金、従業員がいる場合には未払賃金や解雇予告手当などの労働債権の支払原資の確保が重要な検討要素となることも法人の破産手続開始の申立てと同様です。

　これらの原資が速やかに確保できれば、密行型ないし迅速型での破産手続開始の申立てを検討することになり、確保できなければ、申立代理人が介入したうえで必要な範囲で財産処分を行い、これらが確保でき次第、破産手続開始の申立てを行うというオープン型の破産手続開始の申立てを検討するこ

118　法人の破産手続開始の申立ての流れについては、野村剛司監『ストーリー法人破産申立て』（金融財政事情研究会、2022年）を参照してください。

とになります。[119]

　廃業を選択する個人事業主の場合、費用確保の面からオープン型の破産手続開始の申立てを選択せざるを得ない事案が多いのが実情だと思われますが、これらが速やかに確保できるのであれば、早期に破産手続開始決定の効果が及ぶ密行型ないし迅速型での破産手続開始の申立てを積極的に検討したいところです。

　密行型ないし迅速型での破産手続開始の申立てを行う場合には、裁判所への事前相談をしておく必要があります[120]。[121]事前相談を行うことにより、裁判所に早い段階で事案の概要を理解してもらうとともに、早期に適切な破産管財人（候補者）を選任してもらい、速やかに破産手続開始決定を受けることが期待できます。また、予納金の目安を早い段階で知ることができるのも事前相談のメリットといえます。

⑶　事業停止のタイミング

　事業継続中の個人事業主が事業を廃業してから破産手続開始の申立てを行う場合、最も悩ましいのは、事業停止のタイミングです。特に、仕掛中の事業が進行中である場合や、商取引債権者がある場合には、タイミングについて熟慮が必要です。

　仕掛中の事業がある場合に事業を停止してしまうと、注文者に迷惑をかけてしまうことになります。建設業が典型例といえますが、仕掛中の工事がある場合には、工事の進捗率、完成までに要する費用と時間を考慮し、すべての工事を完成させることができるかを検討します。その結果、未完成工事が生じてしまう場合には、工事の引継先や引継方法を検討する必要があります。

119　密行型とオープン型のイメージにつき野村編著・前掲（注115）29頁図表を参照してください。

120　野村編著・前掲（注115）40頁以下、野村剛司編著『法人破産申立てマニュアル〔第2版〕』（青林書院、2020年）28頁・143頁。

121　東京地方裁判所等の大規模庁では、事前相談が不要なこともありますが、それ以外の庁では事前相談をしておくべきでしょう。

　危機時期以降に商取引債権のうち破産手続開始決定前の原因に基づいて生じた債権は、破産債権となります。累積した既往債務が窮境原因である個人事業主においては、商取引債権の免責を得られれば、生計維持や経済的再生に資することになります。

　破産債権となるべき商取引債権を弁済するとなると、当該商取引債権者に対して破産管財人から否認権行使をされることになる結果、かえって商取引債権者に迷惑をかけてしまうことになります。

　既存債務についてなされた担保の供与や債務の消滅行為であり、支払不能後になされたものについては、相手方である債権者が支払不能や支払停止を知っていた場合に、破産法162条1項1号イの偏頗行為に該当することになります。また、支払不能前30日以内にされた非義務的債務消滅行為については、破産法162条1項2号の偏頗行為に該当することになります。

　個人事業主の破産手続開始の申立ての場合、法人破産と異なり、免責の点も考慮しなければなりません。いわゆる非義務弁済（「特定の債権者に対する債務について、当該債権者に特別の利益を与える目的又は他の債権者を害する目的で、担保の供与又は債務の消滅に関する行為であって、債務者の義務に属せず、又はその方法若しくは時期が債務者の義務に属しないものをしたこと」）については、破産法252条1項3号により免責不許可事由とされています。

　破産手続開始の申立てを受任した弁護士は、公平誠実義務[122]の遂行として、債務者が偏頗弁済や財産の不当処分などの債権者の利益・平等を損なう行為を行わないように指導するとともに、財産保全に努め、可及的速やかに破産手続開始の申立てを行って、財産を損なうことなく破産管財人に引き継ぐことが求められます[123]。

　以上の点などを踏まえて、混乱を最小限に収めて、適正かつ公平な清算を図ることができるかといった観点から適切なタイミングを選定していく必要

122　弁護士法1条2項・30条の2第2項、弁護士職務基本規程5条。
123　中山ほか編・前掲（注116）14頁、日本弁護士連合会倒産法制等検討委員会編・前掲（注97）45頁〔石岡隆司〕。

があります。

(4)　財産確保——特に売掛金の回収への対応

　申立代理人は、債権者等による不当な債権回収がなされないよう、個人事業主の財産を適切に管理・確保をする必要があります。

　売掛金がある場合には、その回収作業を破産管財人に引き継ぐのか、申立代理人において回収するのかを検討します。破産管財人に引き継ぐ場合には、入金日や入金予定金額などを一覧表にまとめるとともに、請求の根拠となる請求書等の資料を確保する必要があります。[124]

　費用捻出等のために申立代理人において売掛金を回収する場合には、回収額や資金使途、引継金の額について、裁判所や破産管財人に適切に説明ができる体制にしておく必要があります。

　売掛金といっても、一つないし少数の特定の先からの定期的な入金であり、月ごとの金額に大きな変動もないといった、給与所得と実質的な相違がほとんどないような場合もあります。また、申立代理人名義で支払いを求める文書を送付するよりも、従前からの受取方法で売掛金を受領したほうがスムーズに回収が図れる場合もあります。

　こうした場合は、申立人本人が売掛金を回収することも検討できますが、申立代理人としては、申立人本人と連絡をとり合い、申立人本人による回収金をただちに申立代理人の預り金口座に送金してもらう、あるいは、申立報酬や生活費などの有用の資として使用する場合はいくらが使用されたのかを明確にするなど、後日になって財産散逸と指摘されないよう、回収額や資金使途などを申立代理人において適切に管理・指導していく必要があります。

　なお、破産手続開始の申立て時に未回収の売掛金については、自由財産拡張の申立てをすることも検討できます（後記4(3)参照）。事業を廃止してしまうと、ただちに生活に支障を来す場合がありますので、そうした場合には、

124　具体的な方法は法人の破産手続開始の申立てと同様です。野村編著・前掲（注120）166頁以下を参照してください。

積極的に自由財産の拡張を検討すべきであると考えられます。

(5)　従業員がいる場合の処理

「雇用関係に基づいて生じた使用人の請求権及び使用人の預り金の返還請求権」は、破産法253条1項5号により、非免責債権とされています。したがって、労働債権が未払いの状態で個人事業主が免責決定を得たとしても、責任を免れることができません。このため、労働債権の破産手続開始の申立て前の弁済は、労働者の生活を守るだけでなく、個人事業主自身の経済的再生を図る点からも重要です。

　個人事業主であっても、独立行政法人労働者健康安全機構による未払賃金立替払制度を利用することは可能です[125]。しかし、立替額は全額ではなく8割相当額[126]にとどまること、立替金の支給までには相応の日数がかかってしまうことを考えると、可能な限り、労働債権については破産手続開始の申立て前の時点で弁済しておくことが好ましいところです。

　未払賃金と解雇予告手当の両方を満額支払うことができない場合には、解雇予告手当は立替払いの対象外となること、解雇予告手当の支給は即時解雇の有効要件であること、何より労働者の今後の生活を考えると、解雇予告手当から優先して支払いをするのが適切です[127]。

　労働者が個人事業主の健康保険・厚生年金保険に加入している場合には、その脱退手続が必要になります。雇用保険についても失業保険を受給するための手続をとる必要があります。これらの点は、法人の破産手続開始の申立てと変わるところはありません。

(6)　一定の動産は差押禁止財産となること

「差し押さえることができない財産」は、破産財団を構成しません（差押

125　未払賃金立替払制度の概要は独立行政法人労働者健康安全機構のウェブサイトを参照してください。参考書籍として野村剛司『未払賃金立替払制度実務ハンドブック〔第2版〕』（金融財政事情研究会、2021年）。
126　ただし、退職日における年齢により上限額があります。野村・前掲（注125）11頁を参照してください。
127　野村編著・前掲（注115）71頁以下を参照してください。

禁止財産。破34条3項2号）。この結果、差押禁止財産は、廃業してから破産を選択しても、破産者が所有し、使用収益することができます。

差押禁止財産の詳細については、後記4⑷を参照してください。

3　事業ないし事業用資産を第三者に譲渡してから破産をする場合

⑴　経営資源の引継ぎ

破産者が行っていた事業や事業用資産（経営資源）について、経済的価値がある場合や、雇用維持など社会的有用性が見出せる場合、具体的な譲受け希望者がいる場合には、これらの経営資源を第三者に譲渡してから破産手続開始の申立てを行うことが考えられます（経営資源の引継ぎ）。

平時における事業承継・事業譲渡の詳細は、第Ⅱ章2に記載していますが、以下では、破産手続開始の申立て前の時点で行う事業譲渡特有の問題点にフォーカスして記載します。

⑵　譲渡対象事業の選定・譲渡先の検討

経営資源の引継ぎを検討するに際しては、

① 事業自体に需要があるか

② 利益が上がるか、その可能性があるか（改善可能性があるか）

③ 属人的要素が強い業種か、第三者でも運営可能な業種か

④ 商取引債権者を巻き込むか、商取引関係者からの理解を得られるか

といった要素を考慮し、それでもなお譲渡先が見込まれる場合には、経営資源の譲渡を検討していくことになります。

事業譲渡を実行した後に破産手続開始の申立てを行う場合には、破産手続開始決定後に破産管財人による調査・検証がなされることになります。譲渡が適切になされたことを説明できる必要があり、この点が平時における事業譲渡とは異なる特有の点であるといえます。

　したがって、大規模な経営資源であったり、複数の購入希望者が見込まれるような場合には、入札方式による譲渡先の選定を行うことが考えられることになるのですが、ごく小規模な経営資源の場合には、譲渡先は、同業者や従業員、親族などに限られてしまうことが多いのではないかと思われます。[128]

　しかし、親族間や近親者への譲渡は、債権者の目が厳しくなることも想定されるところですし、破産管財人も慎重に吟味することになることが見込まれますので、譲渡対象物の金銭評価のみならず、「債権者の目から見てどうか」という視点からの検討が必要となります[129]（後記(5)参照）。

(3)　譲渡対象物の金銭的評価

　経営資源の譲渡の場面において、もっとも問題となるのは、譲渡対象物の金銭的評価です。

　廉価譲渡は、破産法160条所定の要件を満たした場合には、否認対象行為となります。また、廉価譲渡ではなく、相当の対価を得てした財産の処分行為であったとしても、破産者が対価として取得した金銭その他の財産について、隠匿等の処分をする意思を有しており、かつ、相手方が破産者の隠匿等の処分をする意思を有していたことを知っていた場合には、破産法161条所定の否認対象行為となります（後記5参照）。

　事業用資産であれば、あらかじめ複数の資産査定書を取得しておき、その最高値プラスアルファの金額とすることなど、破産管財人に対して、適正対価での譲渡であることを疎明できる資料を用意しておく必要があります。

　また、取得した対価については、破産管財人に対する引継金とするか、予納金や相当額の申立代理人報酬、労働債権の弁済費用、相当額の生活費など、有用の資と評価されるべき合理的な資金使途であることを説明するなどして、隠匿等の処分をしておらず、その意思もなかったことを説明・報告す

128　事業譲渡先の選定方法につき、第Ⅱ章2(3)(ウ)以下を参照してください。
129　野村編著・前掲（注115）188頁。

る必要があります。

　法人の破産手続開始の申立て前の経営資源の譲渡の場面でみられるように、事業用資産の譲渡を超える価値が見出す余地がある事案では、入札等によって手続的に価額の適正さを担保する方法や、DCF法（ディスカウントキャッシュフロー法）等による事業評価を公認会計士に依頼するなどの方法が考えられます。

　これに対して、個人事業主の破産手続開始の申立て前の経営資源の譲渡の場面では、費用の問題や、そもそも事業自体が小規模であることが多く、結果的に資産評価額の積上げプラスアルファくらいになることが多いという指摘があります。[130]

　簡便な算定方法としては、国税庁の財産評価基本通達に基づく評価がありますが、それだけでは債権者等の関係者との理解を得られるだけの適正なものということができるのかは、なお慎重な判断を要するとの指摘があります。[131]

　結局のところ、「この方法によるこの価格であれば破産管財人も納得するであろう」というところを想定しながら価格を決定していくことが必要だといえます。[132]

(4)　譲渡の時期

　破産手続開始の申立て前に譲渡を実施すれば、当該事業ないし事業用資産は確実に第三者に移動することになりますが、後日、破産管財人から否認権行使をされる可能性が生じます。破産手続開始の申立て前の譲渡を行うに際しては、後日破産管財人に対して譲渡対価の適正性等の説明ができるよう、準備をしておく必要があります。

　また、譲渡先に対しては、後日、破産管財人から否認権行使の対象となる

130　野村編著・前掲（注115）240頁。
131　川畑ほか編・前掲（注105）91頁。
132　野村編著・前掲（注115）181頁。

可能性を指摘され、一定額を破産財団に追加して組み入れるように求められる可能性があるといった「否認リスク」を説明し、場合によっては譲渡契約書にその旨を記載するなどの対応をしておくことも検討する必要があります。

このほかに、破産手続開始の申立て前の段階で譲渡先候補者を選定し、双方未履行双務契約の形態としたうえで、破産管財人において、譲渡の履行選択をするのか、解除をするのか、選択してもらうという方法も考えられます。この場合は、破産管財人自身が譲渡の当事者となるため、否認リスクはありませんが、譲渡が確実に実行されるものではないこと、結局、破産管財人と価格交渉を行う必要が生じる場合があることなどのデメリットも考えられます。

事業や事業用資産によっては、譲渡の検討に時間を要すると、価値が劣化してしまうこともありますが、他方、拙速に進めてしまうと、新たな紛争に発展してしまう可能性もあります。

申立代理人は、限られた時間やリソースの中で、その事案において最適と思われる判断を適時に行っていく必要があります。

(5)　親族間譲渡の留意点──第二次納税義務

㋐　債権者や利害関係人、破産管財人からの視線

譲渡対象物の金銭評価は、幅のある概念ではあるものの、ある程度は客観的に定めるものであり、譲渡先の属性によって左右されるものではないというのが理論的な帰結ではあります。

しかし、経営資源の譲渡先が個人事業主の親族である場合には、債権者や利害関係人からの視線が厳しくなることがあります。

最終的には、「債権者の目から見てどうか」といった点を考慮する必要があり、譲渡手続や譲渡金額について、より詳細かつ合理的な説明が求められます。[133]申立代理人として、親族などの関係者に事業譲渡または事業用資産

の譲渡をする場合には、事後の説明に備えて、入念な準備が必要となることに留意しましょう。

(イ)　第二次納税義務

個人事業主が公租公課を滞納している状態で、当該個人事業主と生計を一にする親族その他特殊関係者に事業の譲渡を行う場合には、国税徴収法38条に基づく「事業を譲り受けた特殊関係者の第二次納税義務」に注意が必要です。すなわち、

① 　納税者が生計を一にする親族その他納税者と特殊な関係にある個人または被支配会社にその事業を譲渡したこと

② 　その譲渡が滞納に係る国税の法定納期限から1年未満であること

③ 　譲受人が同一または類似の事業を営んでいること

④ 　納税者が当該事業に係る国税を滞納していること

⑤ 　その国税につき滞納処分を執行してもなおその徴収すべき額に不足すると認められること

の各要件を満たすときは、親族その他特殊関係者は、譲受財産の価額の限度において、その滞納に係る国税の第二次納税義務を負うことになります。

なお、国税庁の国税徴収法基本通達第38条関係（事業を譲り受けた特殊関係者の第二次納税義務）9項によれば、「法第38条の『事業の譲渡』とは、納税者が一個の債権契約で、一定の事業目的のため組織化され、有機的一体として機能する財産の全部又は重要な一部を令第13条第1項《納税者の特殊関係者の範囲》に規定する者に譲渡することをいうが、一個の債権契約によらないものであっても、社会通念上同様と認められるものはこれに該当する（昭和40.9.22最高判、昭和41.2.23最高判参照）。したがって、得意先、事業上の秘けつ又はのれん等を除外して、工場、店舗、機械、商品等の事業用財産だけを譲渡する場合には、法第38条の事業譲渡には該当しない」と規定しています。

したがって、譲渡先が生計を一にする親族その他特殊関係者である場合には、それが事業用資産の譲渡にとどまるのか、事業譲渡に該当するのかに注

123

意をする必要があります。

```
┌─コラム─────────────────────────────────────┐
│                                              │
│  **事業譲渡か、事業用資産の譲渡か**          │
│                                              │
│    事業用資産の譲渡ではなく、事業譲渡と評価されることになると、第二次納 │
│  税義務や商号続用の問題が生じることになります。 │
│    会社法上、事業譲渡とは、「一定の営業目的のため組織化され、有機的一体 │
│  として機能する財産（得意先関係等の経済的価値のある事実関係を含む。）の │
│  全部または重要な一部を譲渡し、これによつて、譲渡会社がその財産によつて │
│  営んでいた営業的活動の全部または重要な一部を譲受人に受け継がせ、譲渡会 │
│  社がその譲渡の限度に応じ法律上当然に同法25条に定める競業避止業務を負 │
│  う結果を伴うもの」とされています（最判昭和40・9・22民集19巻6号1600 │
│  頁）。                                      │
│    本文で引用した国税庁の国税徴収法基本通達は、「得意先、事業上の秘けつ │
│  又はのれん等を除外して、工場、店舗、機械、商品等の事業用財産だけを譲渡 │
│  する場合」であれば国税徴収法38条における事業譲渡に該当しないとしていま │
│  す。                                        │
│    これらの判例・通達は、譲渡対象物が得意先や事業上の秘訣、のれんなどの │
│  有機的一体として機能する財産（経済的価値のある事実関係を含む）までを含 │
│  むのか、工場、店舗、機械、商品等の事業用財産だけの譲渡にとどまるのかと │
│  いった点に着目している点で共通しているといえます。 │
│    事業譲渡と事業用資産の譲渡の区別が容易ではない場面も想定されますが、 │
│  上記のような要素に着目するのは参考になる考え方であると思われます。 │
│                                              │
└──────────────────────────────────────────────┘
```

⑹　商号・屋号続用の留意点

　商法17条1項は、「営業を譲り受けた商人（譲受人）が譲渡人の商号を引き続き使用する場合には、その譲受人も、譲渡人の営業によって生じた債務を弁済する責任を負う」と規定しています。

　そして、商法17条2項は、「前項の規定は、営業を譲渡した後、遅滞なく、譲受人が譲渡人の債務を弁済する責任を負わない旨を登記した場合には、適用しない。営業を譲渡した後、遅滞なく、譲受人及び譲渡人から第三者に対しその旨の通知をした場合において、その通知を受けた第三者についても、同様とする」と規定しています。

　申立代理人としては、事業譲渡先が個人事業主の商号や屋号をそのまま続用する場合には、譲渡先に対し、商号や屋号の続用のリスクを指摘し、後日のトラブルを回避する必要があります。

コラム

商号・屋号の登記

　個人事業主も事業において用いる名称（屋号）を商号として登記することができます。会社（法人）は設立時に必ず商号が登記されますが、個人事業主の場合は、法的に商号を登記する義務がないことから、屋号を商号として登記している事例はほとんど経験したことはありません[134]。

　しかし、申立代理人としては、事業譲渡先が個人事業主の商号や登記されていない屋号をそのまま続用する場合には、譲渡先に対し、商号や屋号の続用のリスクを指摘し、後日のトラブルを回避する必要があります。

　会社（法人）については、譲受人が商号を続用した場合や、商号ではない屋号を続用した場合に関して、判例・裁判例・学説等を通じて一定のルールが形成されています[135]が、個人事業主については、そのような判例・裁判例で公表されているものは見当たらず、学説でも個人事業主の商号もしくは屋号の続用についてフォーカスした議論はほとんどなされておらず、法的には不明確な点が残っています。

　個人事業主が商号登記をしており、譲受人がそれを続用する場合には、商法17条1号の免責登記をするか、同条2項に基づく通知をすることで、譲受人が譲渡人の債務を承継することを回避できます。

　しかし、商号登記をされていない屋号を続用する場合には、商法17条1項に基づく免責登記はできないため、債務を承継しないようにするためには、従前の債権者に対して、同条2項と同様の通知をすることが考えられます。この場

合、通知を行うことで、事業を譲渡した事実を広く知らせることになる可能性
もありますので、通知をすることのメリット・デメリットも勘案したうえで、
通知をするかどうかを検討すべきであるといえます。

4　破産をしてもなお、事業を継続する場合[136]

(1)　これまでの議論状況

従前、個人事業主が破産手続開始の申立てをする場合には、破産手続開始
の申立て前に当該個人事業を廃業することが前提となっていたという指摘が
あります[137]。

その指摘の背景には、二つの要素があると考えられます。

第1に、当該事業の継続そのものが窮境原因である場合、事業継続は根本
的な解決にならないばかりか、赤字事業を継続することにより、より傷が深
まってしまうといった点が指摘されます。

第2に、商取引債権者が破産債権者となる場合、破産後も事業を継続する
ことに対して債権者からの納得感が得られにくいといった点が指摘されま
す。

134　商号を登記しておくと、将来的に法人成りをする場合に、従前の個人事業主の屋号（商号）をそのまま
法人の商号としようとした場合に、先に他の法人に商号として登記されており、できなくなってしまうとい
う事態を回避することができるというメリットもあります。また、費用も3万円程度のようです。

135　会社でも、登記されている商号と、実際に営業を行う際の屋号が異なっていて、商号は続用しないけれ
ども、屋号のみは続用するというケースは多くあります。その場合に、屋号について免責登記をすることが
できるかは、各地の法務局によって運用が異なるようですが、屋号についての免責登記も認められていま
す。

136　全国倒産処理弁護士ネットワーク編・前掲（注62）96頁以下、川畑ほか編・前掲（注105）89頁以下。

137　野村編著・前掲（注115）236頁。

　㋐　事業継続は根本的な解決にならないのではないかという指摘

　第1の指摘については、確かに、当該事業の継続そのものが窮境原因であり、それによって既往債務が発生し、かつ、今後も改善の見込みがない事案では、上記の指摘はそのとおりであると解されます。

　その場合には、当該個人事業主が事業継続を希望したとしても、申立代理人は、事業継続の断念を検討するよう、後見的な立場から再検討を促す必要があります。

　しかし、他人の債務の連帯保証の顕在化が典型例といえますが、窮境原因が当該個人事業以外による事案では、必ずしも当該個人事業を破産手続開始の申立て前に廃業させる必要はないといえます。

　また、現在の事業自体は成り立っており、累積した既往債務が免責となれば生計維持が可能となる事案もあります。一人親方や家族経営のごく零細な飲食店などが典型例といえますが、いわばBS（賃借対照表）は大きく毀損しているが、PL（損益計算書）やCF（キャッシュフロー計算書）ベースでみれば回っているというような事案においては、破産免責を得たうえで事業継続を図ることができれば、今後の生計維持・経済的再生の手段になり得ますので、事業継続を検討する余地があるといえます。

　加えて、実質的にみて給与所得者とほとんど変わりがない個人事業主であれば、破産手続開始の申立て後も事業継続をするという選択肢もありうるところです。形式的には請負契約となっているフリーランスであるものの、売掛金は決まった先からの定期的かつ比較的少額の入金にとどまり、買掛金はないか、あってもごく少額であるといった事案であれば、給与所得者が破産手続開始の申立てをしても勤務先を退職する必要がないこととの比較で考えると、事業継続が許容されると解する余地が生じてきます。

　年齢やこれまでの職歴等から別の仕事に再就職することができず、生計維持のためには当該個人事業を継続せざるを得ない場合、当該個人事業主からは、事業継続の希望がなされることがあります。安易な事業継続は傷を深める結果になってしまいますが、事業継続が今後の生計維持・経済的再生の手

段になることもあります。

　申立代理人は、当該個人事業主がおかれている環境、窮境原因、今後の見通し等を考慮して、事業継続が当該個人事業主の生計維持・経済的再生の手段になるかどうか、慎重に検討する必要があります。

(イ)　債権者からの納得が考えられにくいのではないかという指摘

　第2の指摘については、一方で破産免責を得ながら、他方で同じ事業で収益を上げることに対する素朴な疑問からなされるものであると解されます。

　確かに、破産財団に所属する資産について、いわばフリーライドしている状態であれば、債権者や破産管財人、裁判所の理解を得ることはできません。

　しかし、後記(2)のとおり、破産手続開始決定の時点を意識し、それまでの収入や財産については破産財団に所属するものとし、そのうえで、差押禁止財産に該当するものかどうか、そうでない財産については自由財産拡張や破産財団への組入れをする、あるいは破産財団からの放棄を促すことにより、適正な処理がされたのであれば、フリーライドとの批判は妥当しないことになります。

　破産という局面では、債権者はどうしても感情的になりがちではありますが、申立代理人は、理論的に適切に処理することにより、冷静かつ論理的に、事業継続が問題ないことを説明する姿勢が必要となります。

(2)　破産してもなお、事業を継続する場合の前提条件

　これまでの議論状況を踏まえると、窮境原因が当該個人事業ではないか、仮にそうであったとしても、債権者の納得を得られるだけの説明ができるかどうかが事業継続の前提条件になるものと考えられます。

　窮境原因が当該事業ではないという事案では、その旨を説明することが必要です。

　生計維持・経済的再生のために事業継続を選択する事案では、個人事業により毎月の収支のバランスがとれており、生計維持ができる程度の収入が見

込まれ、累積した既往債務が免責となれば、生計維持が可能であることを検証する必要があります。

　給与所得者と実質的な相違がない事案では、毎月の収支を明確化し、給与所得者と実質的な相違がないことを説得的に説明していくことが必要です。

　債権者の納得については、上記の説明に加え、今後継続する個人事業においては、破産財団を構成する財産にフリーライドしていないことを説明していくことが考えられます。

　破産財団を構成しない財産を利用して事業継続をするのであれば、その旨を説明し、破産財団を構成する財産を利用して事業継続をするのであれば、後記(4)のとおり差押禁止財産を利用していることを説明するか、後記(5)のとおり自由財産拡張・破産財団への組入れによる破産財団からの譲渡・破産財団からの放棄などの手立てをとっていることを説明し、債権者に事業継続に対する理解を求めていくことになります。

(3)　売掛金債権・商取引債務の処理──開始決定の時期を意識する

　破産手続開始決定時に、破産手続開始決定前の原因に基づく未回収売掛金債権は、破産財団を構成することになります。これに対して、破産手続開始決定後の原因に基づく売掛金債権は、新得財産として破産財団を構成しません。後者の売掛金債権は、結果として、生計維持・経済的再生のために使用することができます。

　したがって、破産手続開始決定前の原因に基づく未回収売掛金債権がない状態で破産手続開始の申立てを行うことができる事案であれば、早期に破産手続開始の申立てを行い、場合によっては、裁判所に対して破産手続開始決定を早めてもらいたい旨の上申書を提出することを検討します。

　どうしても売掛金債権がある状態で破産手続開始の申立てをせざるを得ない場合は、後記(5)のとおり、自由財産拡張申立てを検討することになります。

　以上のとおり、当該売掛金債権が破産手続開始決定前の原因に基づくものか、破産手続開始決定時点で未回収債権が生じる見込みかどうかは、重要な考慮要素となります。申立代理人は、売掛先の数、売掛金額、回収サイトを把握し、破産手続開始決定の時期を特に意識する必要があります。

　商取引債務についても、破産手続開始決定時点で顕在化しているものについては、破産債権となります。

　累積した既往債務が免責となれば生計維持・経済的再生が図れる事案であれば、商取引債務が破産債権化することは、破産者にとって前向きに捉えることができます。

　他方、商取引債権者が破産債権者となることによって生計維持・経済的再生を図ることが難しくなる事案（たとえば、代替性のない仕入先であったり、今後も同じ業界で事業をしていく等の事実上の影響が生じる場合）では、申立人の親族による第三者弁済等の方法を検討する等の手立てをとる必要があります。弁済等を行う場合には、偏頗弁済に該当しないか、免責不許可事由に該当しないか、一つひとつ要件を確認しなければなりません。

⑷　差押禁止動産

　差押禁止財産は、破産を選択してもなお、破産者が所有し、使用収益を継続することができます。民事執行法131条各号が列挙する差押禁止動産は、下記のとおりです。

〔表7〕　差押禁止動産

1号	債務者等の生活に欠くことができない衣服、寝具、家具、台所用具、畳及び建具
2号	債務者等の1月間の生活に必要な食料及び燃料
3号	標準的な世帯の2月間の必要生計費を勘案して政令で定める額（注：66万円）の金銭
4号	主として自己の労力により農業を営む者の農業に欠くことができない器具、肥料、労役の用に供する家畜及びその飼料並びに次の収穫まで農業を続行するために欠くことができない種子その他これに類する農産物
5号	主として自己の労力により漁業を営む者の水産物の採捕又は養殖に欠くことができない漁網その他の漁具、えさ及び稚魚その他これに類する水産物

| 6号 | 技術者、職人、労務者その他の主として自己の知的又は肉体的な労働により職業又は営業に従事する者（前2号に規定する者を除く。）のその業務に欠くことができない器具その他の物（商品を除く。） |

7号から14号は省略

　このうち、個人事業主との関係では、農機具等の4号、漁網等の5号、業務不可欠の6号、商業帳簿等の9号が問題となります。

　4号・5号・6号は、いずれも「欠くことができない」（必要性や必要不可欠性の要件と称されることがあります）ことが要件となっています。

　この「欠くことができない」という要件については、当該債務者等の居住地域、差押えの時期（寒暑）、家族構成および生活状況等の客観的・類型的事情を加味して、社会通念に照らして判断される[138]、あるいは、破産者の仕事の規模や態様、当該財産を利用することができないことによって受ける影響の程度等の個別具体的な事情を考慮して決定するとされています[139]。

　申立代理人としては、個人事業主が使用している財産が「欠くことができない」ものであることを事案に即して具体的かつ適切に指摘し、今後の事業継続に必要であることを説得的に説明する必要があります。

(5)　差押禁止財産に該当しない事業用財産を確保する方法

　差押禁止財産に該当しない事業用財産を確保する方法としては、①自由財産の拡張によって対応する方法[140]、②経済的価値相当額を破産財団に組み入れて、破産財団からの譲渡や放棄を受ける方法、③経済的価値相当額が乏しいことを主張し、破産財団からの放棄を受ける方法が考えられます。

　①による場合、売掛金債権や事業用財産は、定型的拡張適格財産ではないことから、当該財産が破産者の経済的再生に必要かつ相当であるという事業が認められる場合にのみ、拡張適格財産とすると運用されている裁判所が多

138　伊藤眞ほか編『条解民事執行法〔第2版〕』（弘文堂、2022年）1173頁以下。
139　川畑ほか編・前掲（注105）90頁。
140　各地の自由財産拡張基準につき、東京地方裁判所の例として、中山ほか編・前掲（注116）145頁以下、大阪地方裁判所の例として、川畑ほか編・前掲（注117）66頁以下。

いものと思われます（相当性の要件といわれることがあります[141]）。

　こうした運用をしている裁判所に対しては、たとえば、売掛先の数が少数に留まること、金額についても自由財産主張額全体で99万円以下となるといったことを指摘するなどして、当該事案では相当性の要件を満たすことを説得的に説明していく必要があります。

　②による場合には、破産者の新得財産からの組入れや、親族等から援助による方法を検討します。

　②や③による場合では、経済的価値が問題となりますので、複数の相見積もりの提示、当該財産の使用状況、経年劣化の状況等の具体的事情を踏まえた説明をする必要があります。また、それに加えて、当該財産の管理費用や廃棄費用、原状回復費用が発生する場合には、破産管財人が清算手続を行った場合に発生することが見込まれる負の経済的価値についても具体的に指摘することが考えられます[142]。

(6)　事業継続に必要な契約関係（双方未履行双務契約）の処理

　事業継続している個人事業主が店舗や倉庫などを賃借している場合には、その賃貸借契約の処理が必要となるほか、個人事業主が請け負っていた仕掛工事がある場合には、その請負契約の処理が必要となります。

　これらの処理をしないまま破産手続開始決定を受けると、双方未履行双務契約として、破産管財人が履行をするか、解除をするかを判断することになりますが、破産管財人による履行選択については、慎重にならざるを得ないという指摘もあります[143]。

　申立代理人は、破産管財人が解除を選択すると事業継続が難しくなる場合

141　中山ほか編・前掲（注116）79頁、川畑ほか編・前掲（注105）91頁。
142　破産手続開始の申立て前の事業譲渡につき、髙井章光「特集　コロナ倒産を回避する！　事業継続ポイント2『事業譲渡による事業継続』」事業再生と債権管理172号（2021年）66頁以下（69頁）を参照してください。
143　川畑ほか編・前掲（注105）93頁。

には、破産手続開始の申立て前の時点でこれらの契約関係を整理しておく必要があります。今後も継続利用する物件の賃貸借契約については、親族等の第三者に承継させたり、仕掛工事については、あらかじめ出来高精算をして一旦終了の形にするなどの処理をしておくなどの方法が考えられます。

5　個人事業主の破産管財人に選任されたら

(1)　個人事業主の破産管財人の職務

破産管財人の職務は多岐にわたりますが、ここでは、個人事業主の破産管財人として特に留意すべき職務として、偏頗行為否認と免責調査を取り上げます。

(ア)　偏頗行為否認

①既存の債務についてなされた担保の供与や債務の消滅行為であり、②支払不能後になされたものについては、③相手方である債権者が支払不能や支払停止を知っていた場合に、破産法162条1項1号イの偏頗行為に該当することになります。

破産管財人としては、①既存債務の債務消滅行為があるかどうか事実調査をし、②それが支払不能後になされたかどうか、③債権者の悪意を立証できるかどうかを検討する必要があります。

②の支払不能については、債務者が、支払能力を欠くために、その債務のうち弁済期にあるものにつき、一般的かつ継続的に弁済することができない状態と定義されますが（破2条11項）、具体的にそのような状況にあったことを認定することは容易でないことも多くみられます。

③の債権者の悪意については、申立代理人が支払停止をする旨を記載した受任通知を債権者に送付していれば判断は容易ですが、そうでない場合や受任通知送付前に債務消滅行為を行っていた場合には、破産管財人は難しい判断を迫られることになります。

これとは別に、支払不能前30日以内にされた非義務的債務消滅行為につい

ては、破産法162条1項2号の偏頗行為に該当することになります。反対にいえば、30日を超えた非義務的債務消滅行為や、すでに弁済期が到来している債務の弁済のように義務に属する債務消滅行為については、この偏頗行為には該当しないことになります。

　偏頗行為否認についても、免責不許可事由と同様、要件が詳細に規定されていることから、破産管財人としては、安直に判断することなく、慎重に調査を行う必要があります。

㈠　免責調査

　自然人の破産管財人は、免責不許可事由の有無や、裁量免責の判断にあたって考慮すべき事情について調査・報告をしなければなりません（破250条1項）。個人事業主も自然人である以上、免責調査を行う必要があり、この点が法人の破産管財人の業務との相違点です。

　免責不許可事由は破産法252条1項に列挙されていますが、個人事業主の破産の場面では、詐害目的での財産の不利益処分（1号）、不当な債務負担行為（2号）、非義務偏頗行為（3号）、詐術による信用取引（5号）が問題となることが多いものと思われます。

　1号・2号・3号では「債権者を害する目的」などの目的要件が課されているほか、結果についても「不当に減少させる」などの効果についても限定がなされています。非義務偏頗行為（3号）を例にすると、

① 　特定の債権者に対する債務について
② 　当該債権者に特別の利益を与える目的または他の債権者を害する目的で
③ 　担保の供与または債務の消滅に関する行為であって
④ 　債務者の義務に属せず、またはその方法もしくは時期が債務者の義務に属しないものをしたこと

と規定されています。

　②の目的については、単なる認識では足りず、より積極的な目的行為性が認められる必要があるほか、特別の利益については他の債権者との公平性を

害する偏頗な利益であり、かつ「特別の」と評価されるだけの利益である、と解されています[144]。また、すでに履行期が到来している債務を弁済した場合には、④の要件を満たしません。

このように、免責不許可事由については、要件が詳細に規定されていることから、破産管財人としては、感覚的な判断をすることなく、要件該当性を一つひとつ慎重に調査する必要があります。

(ウ)　否認対象行為や免責不許可事由該当行為と自由財産拡張判断

破産者について、否認対象行為や免責不許可事由が認められた場合でも、自由財産の拡張判断に影響を及ぼすことはありません。

否認対象行為や免責不許可事由と、自由財産拡張は、まったく別個独立の制度です。自由財産拡張判断は、あくまで運用基準に従って判断されるべきものであり、否認対象行為や免責不許可事由の存在を指摘して、自由財産拡張を認めないという判断は適切ではありません[145]。

なお、否認対象行為や免責不許可事由が認められる事案において、破産者の側から一定額を破産財団に組み入れることがあります。これは、破産者に著しい免責不許可事由が存在すると考えられる場合に、債権者の弁済原資となる積立てを行わないと裁量免責をすべきでないと判断した場合にされるものであり、自由財産拡張とは無関係であるとされています。

破産者側からの任意的な一定額の財団組入れは、裁量免責を認める積極的な事情として有利に斟酌するという見解もありますが[146]、破産管財人の立場として、破産者による新得財産からの財団組入れを強制するといったことは不適切であると解されます。

(2)　廃業後に破産した個人事業主の管財業務

事業継続中の事業を廃業してから間もないタイミングで破産手続開始の申

144　伊藤眞ほか編『条解破産法〔第3版〕』（弘文堂、2020年）1718頁。

145　川畑ほか編・前掲（注117）71頁。

146　有賀直樹ほか「パネルディスカッション　免責許可・不許可の考え方」事業再生と債権管理154号（2016年）141頁以下〔石川貴康発言〕。

立てをした個人事業主の管財業務は、法人破産における管財業務とほぼ同様です。

他方、廃業から相当程度の時間が空いている事案や、事業規模がごく小規模な場合の管財業務は、消費者破産における管財業務と大きく変わるところはないといえます。

(3)　事業ないし事業用資産を第三者に譲渡してから破産を選択した個人事業主の管財業務

㋐　総　論

この類型では、当該譲渡が「破産債権者を害する」ものでなかったかどうかを調査し、その結果、破産債権者を害するものであることが判明したときは、破産管財人は、否認権を行使することを検討することになります。

否認権行使の効果については、破産財団を原状に復させるとされており（破167条1項）、破産管財人は、譲渡の相手方から目的物の現物返還を受けるか、価格償還を受けるか選択する必要があります。

現物返還を求める場合には、仮に現物返還が実現できたとして、当該財産をどのように換価するかをあらかじめ想定しておく必要があります。

価格償還を求める場合には、相手方に対し、当該財産の価額から、破産者が受けた反対給付の価額等、財団債権となる額を控除した額の償還を請求することになります（破168条4項）。

否認の要件は思いのほか厳格です。安易に感覚に頼ることは厳に慎み、破産法に定める要件に該当するかどうか、慎重に検討する必要があります。

㋑　廉価譲渡

相当な対価を下回る金額で事業ないし事業用資産が譲渡された場合（廉価譲渡）には、絶対的な財産減少行為として、破産法160条各項の要件を充足するか、検討する必要があります。

基本形である破産法160条1項1号では、①破産債権者を害する行為、すなわち、廉価売却のように経済的合理性を欠く財産の絶対的な減少行為が存

在すること（詐害行為）、②破産者が破産債権者を害することを知っていたこと（詐害意思）について、破産管財人が主張・立証しなければなりません。

①に関して、財産の処分行為は、仮に廉価売却であったとしても、本来的にはその財産の帰属主体の判断において自由にできるのが原則であることから、財産の絶対的減少行為が破産債権者を害することになるのは、その行為が実質的な危機時期になされたことを前提としています。

②については、自らが実質的危機時期の状態にあることと、当該行為が責任財産を減少させる効果をもつ認識があれば、破産者の詐害意思が肯定されるとされており、破産者は、自らの財産状態を知悉しているのが通常であることから、詐害行為が認められる場合には、破産者の詐害意思は事実上推定されると解されています。[147]

以上のとおり、破産管財人としては、実質的な危機時期において、財産の絶対的減少行為がなされたことを中心に主張・立証していくことになります。

なお、廉価譲渡における廉価性については、当該事業ないし事業用財産の価値相当額のみならず、管理費用等の側面も総合的に考慮した価格を踏まえて検討する必要があります。

すなわち、当該譲渡が行われなければ、当該財産の管理・換価・処分は破産管財人が行うことになりますが、その場合に当該財産の管理費用・搬出費用・保管費用・場合によっては廃棄費用が発生する場合には、破産管財人は、財団債権として別途支払うか、その費用相当額が譲渡価格に転嫁される形になることが見込まれます。

廉価性の判断においては、そうした管理費用等を総合的に考慮し、破産手続開始の申立て後に破産管財人が行う管理・換価・処分と比較して判断すべき要素であると解されます。

㈫ 相当の対価を得てした財産の処分行為の否認

旧破産法下での判例・通説は、適正対価で不動産等を処分する行為であっ

---

147 伊藤ほか編・前掲（注144）1114頁。

ても、費消・隠匿・散逸がしやすい金銭に代えることは、債権者に対する共同担保を実質的に減少させるものとして、詐害行為ないし否認対象行為になるものと解されていました。

　しかし、この見解においては、経済的危機に瀕した債務者が弁済資金を捻出するなどの有用の資にあてるための売却も認められないことになり、債務者の経済的再生の機会が否定されることになってしまいます。

　そこで、破産法161条は、相当の対価を得てした財産の処分行為について、否認の要件を明確化し、その成立範囲を限定することにより、上記の問題点を解消するに至りました。[148]

　破産管財人は、原則として、①当該行為が、不動産の金銭への換価その他の当該処分による財産の種類の変更により、破産者において隠匿等の処分をするおそれを現に生じさせるものであること（破161条１項１号）、②破産者が、当該行為の当時、対価として取得した金銭その他の財産について、隠匿等の処分をする意思を有していたこと（同項２号）、③相手方が、当該行為の当時、破産者が②の隠匿等の処分をする意思を有していたことを知っていたこと（同項３号）のすべてを立証したときに限り、否認できます。

　破産法161条は、160条の特則と解されていますので、破産管財人としては、廉価売却であると判断すれば、まずは160条１項１号等による否認権行使を検討し、対価の廉価性の立証ができなかった場合に備え、予備的に破産法161条による否認権行使を検討することになります。

　②の要件については、破産法160条１項１号の廉価譲渡否認の要件とは異なり、単なる詐害意思のみでは足らず、隠匿等の処分をする意思まで立証しなければなりません。

　③の要件については、親族等の内部者について立証責任が転換されます（破161条２項）。

　さらに、対価の相当性については、早期処分価格であっても「相当」な範

148　小川秀樹編著『一問一答新しい破産法』（商事法務、2004年）222頁以下。

囲と解されています。[149]

　以上のように、破産管財人としては、相当の対価を得てした財産の処分行為があったとしても、単にそれのみで否認権行使ができるものではなく、その他の要件を充足しているかどうかまで検討したうえで、否認権行使を検討しなければなりません。

(4) 破産をしてもなお、事業を継続している個人事業主の管財業務

(ア) 破産財団に属している財産を利用して事業継続している場合

　個人事業主が破産財団に属している財産を利用して事業継続している場合、破産管財人としては、当該財産について自由財産の拡張を認めるか、あるいは当該財産の経済的価値相当額を破産財団に組み入れさせることにより、当該財産を破産財団から放棄することを検討する必要があります。

　自由財産拡張については、債権者から異議を述べる手続はありません。破産管財人は、債権者から理解が得られるかどうかという点も考慮して判断する必要があります。

　破産者が事業継続に必要な財産が破産財団に属している場合、第三者からの買受希望があったときは、破産管財人は悩ましい地位に立たされることになります。このような場合には、破産者に対し、当該第三者が提示した金額を上回る財団組入れを求めるなどの対応が必要となりますが、破産者の経済的再生の機会を図るという面も考慮に入れて判断していくことになります。

(イ) 破産財団に属している財産を利用せずに事業継続している場合

　医師、弁護士、芸術家、作家など、破産者の事業が知識やノウハウを用いるものであり、物理的な意味での財産を用いない事業である場合、破産管財人は、破産者に財団組入れを求めることができるでしょうか。

149　野村剛司『倒産法』（青林書院、2021年）84頁。

　破産者個人の非代替的な能力や素質、知識やノウハウについては、破産者の属人的なものであり、それを金銭評価して財団組入れを求めることは、譲渡可能性があるなどの事情がない限り、できないものと考えられます。

　破産管財人は、財団増殖を図ることが職務ではありますが、当該財産が破産財団に属するものかどうか検討し、財団組入れを求めるのであれば、根拠をもって説得的に行う必要があります。

6　破産管財人による事業継続[150]

　事業継続中の個人事業主が破産した場合、当該個人事業主自身が事業継続をするほかに、裁判所の許可を得たうえで、破産管財人が破産者の事業を継続することもできます（破36条）。

　しかし、社会的意義があるとみられる事案は別として、破産管財人による事業継続は、破産管財人が事業を継続することにより、破産財団が増殖するか、少なくとも破産財団を毀損しない（毀損の程度を低減させる）ことが前提です。また、新たな仕入債務や労働債務など、破産管財人による事業継続によって生じた請求権は、財団債権となりますので（破148条1項4号）、事業継続にあたって資金繰りがつく見込みが立つことが必須です。事業継続中に事故等が生じた場合、損害賠償債務を負担しなければならないというリスクもあります。

　さらに、個人事業主特有の問題として、事業を継続するには当該個人事業主の協力が必要となるか、相当に組織化されていて当該個人事業主の協力が得られなくても継続できるかどうかといった観点も検討しなければなりません。

　以上からすれば、破産管財人が個人事業を継続することは、相当にハードルが高いのではないかと思われます。

150　伊藤ほか編・前掲（注144）329頁以下、中山ほか編・前掲（注116）221頁以下、川畑ほか編・前掲（注105）89頁以下、野村編著・前掲（注115）164頁以下。

第6節6　破産管財人による事業継続

```
コラム
```

個人事業主の死亡と債務整理

　個人事業主の経営が悪化した状態で、多額の負債を抱えたまま死亡した場合、相続人は相続放棄（民915条）をして、債務を承継することを回避することが考えられます。そして、相続人全員が相続放棄をした後は、必要に応じて相続財産清算人（民952条）が選任され、資産と負債の清算等の残務処理にあたることが考えられます。

　また、限定承認（民922条）を利用することで、相続人または相続人が複数いる場合には相続人の中から選任された相続財産清算人（民936条）が、資産と負債の清算を行い、相続財産の範囲で債務を弁済することで、相続人に責任が及ぶのを回避することができます。ただし、相続人全員で手続をとる必要がある等、手続が煩雑であまり利用されていないのが実情です。

　その他、相続財産の破産（破222条以下）という制度があり「相続財産」について破産手続を利用して、清算手続を行うことも可能です。ただし、清算手続終了後に債務が残った場合、相続人が債務を承継するので、相続人は別途、相続放棄をする必要があります。なお、相続人自身が相続財産破産の申立てをした後に、相続放棄をすることも許されると解されています。

　債務者が個人事業主である場合には、一定の債務を負担していることも多く、事業がうまくいっていない状況で死亡した場合に、相続人（子ども等）がそのまま資産と債務をすべて承継して事業を継続することは躊躇されます。そのような場合に、上記のいずれかの手続を利用して、後継者（第三者の場合も考えられます）が、債務は引き継がずに、事業もしくは事業用資産を一定の対価を支払って取得し、事業を引き継ぐことも考えられます。

　相続財産清算人、限定承認、相続財産の破産も、財産を換価して、債務を一定の範囲で弁済して清算するという手続ですが、具体的な手続や、各手続を実践する相続財産清算人、相続人もしくは相続財産清算人、破産管財人の権限が異なる部分もありますので、それらの差異を踏まえたうえで、本文中で述べたようなさまざまな方法と組み合わせることで、過大な債務を負担した個人事業主が死亡した場合でも、事業は「生かす」ことが考えられます。

141

第7節　再チャレンジ

1　再チャレンジの意義

　個人事業主は、債務整理を行った後も生活は続いていきます。債務整理後に新たに起業を試みることで、雇用創出や地域経済の活性化という面もあることから、再チャレンジも一つの選択肢であるといえます。

　「再チャレンジ」という用語自体の意味は多義的ですが[151]、ここでは、再起業の意味で「再チャレンジ」といいます。個人事業主として再起業する場合と法人を設立して再起業する場合との両者を含みますが、後述のとおり、制度によっては法人でないと利用できない制度もある点にはご注意ください。

　2013年6月に閣議決定された「日本再興戦略」5(1)②では[152]「開業率が廃業率を上回る状態にし、米国・英国レベルの開・廃業率10％台（現状約5％）を目指す」ことが目標として掲げられており、（再）起業を後押しすることは、国としての取組みの一部でもあります。その表れの一つとして、たとえば、商工会議所等に、「再チャレンジ支援窓口」ないし「早期転換・再挑戦支援窓口」が設置されているなど、各種の支援策が用意されています。

　実質的にも、法人の経営者が経営者保証ガイドラインを利用して債務整理すると再チャレンジをしやすいのに、個人事業主だと、自身に帰属する固有負債だからというだけの理由で再チャレンジに支障が生じるとすれば、アンバランスといえます。

　そこで、本節では、債務整理において再チャレンジを見据えた視点と、再チャレンジのために利用できる制度について紹介します。

151　たとえば、中小企業活性化協議会では、法人の廃業支援と保証債務の私的整理を念頭において「再チャレンジ支援」という支援類型を設けています。

152　首相官邸ウェブサイト「日本再興戦略」（平成25年6月14日）を参照してください。

2　再チャレンジを見据えた債務整理

⑴　はじめに

　再チャレンジをするためには、前提として、現在行っている事業の終え方が大事といえます。負債を整理しきれず残ってしまったり、事業を終える過程で人間関係を壊してしまうと、新たな事業を開始するのに障害となりかねません。

　そのため、再チャレンジを見据えて債務整理をする場合には、債務整理が必要となりそうな兆候、具体的には資金繰りが厳しい見込みであったり、収益が継続して悪化している状況などに気づいて早めに対応することと、しかるべき専門家に相談して進めることが重要といえます。この点は、事業主が再起業をしない場合であっても、安定した生活を送るために必要なことです。

　また、後述のとおり、再チャレンジにおける資金調達方法には一定の要件があることから、その要件を意識して債務整理を行うことが有用といえます。

⑵　七つのポイント[153]

　起業家の再チャレンジにあたっては、次の七つがポイントとされています。個人事業主の再チャレンジにあたっても、ほぼ同様の点がポイントになると思われますので、「会社」とある点は適宜「事業」と読み替えてください。

　①　倒産する前兆に気づくためには、資金繰り・売上・経費の三つに着目すること

　②　経営改善の方法が見つからない場合は、早めに会社を畳むことを検討

---

[153]　以下では、近畿経済産業局ウェブサイト「再チャレンジ起業家ガイドブック」（2021年）を参考にしています。

すること

③　万が一の場合の破産に備えるために税金の支払分・労働債権・破産管財人のための費用分は残すこと

④　会社の畳み方はさまざまで、どのように畳むのかの経緯にも気をつけること

⑤　会社を畳む時には予期せぬトラブルが発生するため、機縁の範囲内にいる会社を畳んだ経験のある先輩起業家・専門家に頼ること

⑥　会社を畳む際は事前にステークホルダーを整理したうえで、１社ずつ自社との関係性を整理すること

⑦　会社を畳むことについて従業員に事前に丁寧に話すことで従業員の心理的安全性を担保すること

以下、上記の七つのポイントそれぞれについて検討をしていきます。

㋐　倒産する前兆に気づくためには、資金繰り・売上・経費の三つに着目すること

法人の債務整理の場合でも同様ですが、特に資金繰りについて、常に気を配っておくことが必要となります。

事業の収支が黒字であっても資金繰りが原因で事業が立ち行かなくなることはあり得ますし、債務整理をするにしても、資金繰りによって全体のスケジュールや選択肢が制約を受けることも多くあります。

早期に倒産の前兆に気づくことができれば、早期着手や適切な手続選択が可能となってきます。

個人事業主の場合、事業用の資金と個人の資金とが混在していることも多いため、日常的に「資金繰り・売上・経費」を特に意識的に区別し、管理・把握しておかないと、倒産の前兆に気づくのが遅れることに留意しましょう。

㋑　経営改善の方法が見つからない場合は、早めに事業を畳むことを検討すること

経営改善だけでは対応ができないような場合は、本章で紹介しているよう

な債権カットを伴う債務整理を試みることになります。早期着手の重要性と手続選択については、本章の冒頭を参照してください。

なお、経営改善については、第Ⅱ章を参照してください。

(ウ) 万が一の場合の破産に備えるために税金の支払分・労働債権・破産管財人のための費用分は残すこと

前記(イ)とも関連しますが、事業や資金が立ち行かなくなるギリギリまで粘るのではなく、公租公課、労働債権などのいわば優先債権や裁判所予納金を賄える資金・資産が残っているかどうかが、意思決定をするための一つの目安といえます。申立代理人の弁護士費用も必要となります。詳細は本章第2節2(6)を参照してください。

(エ) 事業の畳み方はさまざまで、どのように畳むのかの経緯にも気をつけること

債務整理ないし廃業をするとしても、そのプロセスは、取引先や金融機関にとっても重要なものとなります。

たとえば、ここで各関係者への対応がおざなりになってしまい無用な迷惑をかけてしまうと、その後の再チャレンジにあたって、人間関係や評判に支障が生じるおそれがあります。特に再起業を考える場合は致命的になることもあるため、事業の畳み方にはくれぐれも留意しましょう。

他方で、後記(キ)と同様に情報漏洩は避けなければなりませんので、やはり専門家の支援を仰ぐのが望ましいと考えられます。

(オ) 事業を畳む時には予期せぬトラブルが発生するため、事業を畳んだ経験のある先輩起業家・専門家に頼ること

専門家の支援を仰いだほうが望ましいのはいうまでもありませんが、それ以外にも、精神的なところや生活のサポートなど、経験のある経営者から話を聞くことは有用といえます。前記(エ)のような対外的な対応の留意点や再起業を見据えたビジネス面での留意点、専門家の紹介も期待できます。

専門家についても、廃業のノウハウだけでなく、本当に廃業しか手段がないのか、経営改善するとしても適切な支援先はどこか（第Ⅱ章参照）など、

精通した専門家に相談できることが望ましいでしょう。

 ㋙　事業を畳む際は事前にステークホルダーを整理したうえで、
  １社ずつ自身との関係性を整理すること

前記㋘と同趣旨です。相手が債権者なのか、取引先なのか、従業員なのかによっても対策が変わってくることになります。事業を畳んだ場合にステークホルダーにどのような影響が及ぶのかを事前に個社別に整理しておくようにしましょう。

 ㋛　事業を畳むことについて従業員に事前に丁寧に話すことで
  従業員の心理的安全性を担保すること

従業員には経営責任はない一方で、その後の債務整理等に協力をしてもらうこともあり得ます。従業員には、真摯な態度で可能な限り丁寧に事情を説明し、その後の生活への影響等について理解してもらう必要があります。

ただし、情報漏洩には留意する必要がありますので、従業員との対話の仕方やタイミングは、専門家に相談したうえで対応することが望ましいでしょう。内々に、公益財団法人産業雇用安定センターに相談して、従業員の再就職支援の準備を始めておくことも考えられます。[154]

3　再チャレンジのために利用できる制度

(1)　資金調達方法

再チャレンジにあたって最も大きな課題になると思われるのは資金調達です。先行する債務整理により信用毀損が生じるため、再起業にあたって資金調達が難航する可能性があります。

このような、事業主が一度債務整理を経ている場合でも、再チャレンジの場合に利用できる資金調達方法としては、たとえば以下のものがあげられま

154　公益財団法人産業雇用安定センターの支援を受けられるのは原則として在職者に限るため、解雇前に事業主（代理人弁護士を含む）から同センターに支援依頼をすることが必要です。詳細は同センターのウェブサイト「事業主・企業の支援」を参照してください。

す。

① 再挑戦支援資金（株式会社日本政策金融公庫）

② 小規模事業者持続化補助金

③ 特定創業支援事業（自治体）

④ ベンチャーキャピタルなどからの投資（ただし法人が前提）

⑤ クラウドファンディング

㋐　再挑戦支援資金（再チャレンジ支援融資）

融資を通じて、廃業歴等があるが創業に再チャレンジする場合の支援をするという制度です。

国民生活事業のものと中小企業事業のものの2種類がありますが、個人事業主の場合は、基本的には下記の国民生活事業のものを利用することになるでしょう。

この資金は、前事業に係る債務を返済するための資金としても使える点がポイントです。

〔表8〕　再挑戦支援資金[155]

利用者	新たに事業を始める方または事業開始後おおむね7年以内の方のうち、次のすべてに該当する方 ① 廃業歴等を有する個人または廃業歴等を有する経営者が営む法人であること ② 廃業時の負債が新たな事業に影響を与えない程度に整理される見込み等であること ③ 廃業の理由・事情がやむを得ないもの等であること
資金の使いみち	新たに事業を始めるため、または事業開始後に必要とする設備資金および運転資金（前事業に係る債務を返済するために必要な資金を含みます）
融資限度額	7200万円（うち運転資金4800万円）
返済期間	設備資金：20年以内（うち据置期間5年以内）
	運転資金：15年以内（うち据置期間5年以内）

---

[155]　株式会社日本政策金融公庫ウェブサイト「再挑戦支援資金（再チャレンジ支援融資）」の国民生活事業を参考にしています。

利率（年）	日本政策金融公庫の基準利率。 ただし、次の要件に該当する場合は特別利率になることがある。 ① 女性の方、35歳未満または55歳以上の方 ② 外国人起業活動促進事業における特定外国人起業家の方で新たに事業を始める方 ③ 創業塾や創業セミナーなど（産業競争力強化法に規定される認定特定創業支援等事業）を受けて新たに事業を始める方 ④ 「中小企業の会計に関する基本要領」または「中小企業の会計に関する指針」を適用しているまたは適用する予定の方であって、自ら事業計画書の策定を行い、認定経営革新等支援機関（税理士、公認会計士、中小企業診断士など）による指導および助言を受けている方 ⑤ 地域おこし協力隊の任期を終了した方であって、地域おこし協力隊として活動した地域において新たに事業を始める方 ⑥ Ｕターン等により地方で新たに事業を始める方 ⑦ デジタル田園都市国家構想交付金（旧：地方創生推進交付金を含む。）を活用した起業支援金の交付決定を受けて新たに事業を始める方 ⑧ デジタル田園都市国家構想交付金（旧：地方創生推進交付金を含む。）を活用した起業支援金および移住支援金の両方の交付決定を受けて新たに事業を始める方 ⑨ 日本ベンチャーキャピタル協会の会員（賛助会員を除く。）等または中小企業基盤整備機構もしくは産業革新投資機構が出資する投資事業有限責任組合等から出資を受けている方（見込まれる方を含む） ⑩ 技術・ノウハウ等に新規性がみられる方（一定の要件あり）
担保・保証人	応相談

(イ)　小規模事業者持続化補助金

　持続的な経営に向けた経営計画に基づく、小規模事業者等の地道な販路開拓等の取組みや、業務効率化の取組みを支援するため、それに要する経費の一部を補助するものです[156]。

　この補助金にはいくつかの類型が用意されていますが、産業競争力強化法

---

[156] 小規模事業者持続化補助金事務局ウェブサイト「商工会議所地区　小規模事業者持続化補助金（一般型）」を参照してください。

に基づく「特定創業支援等事業の支援」を受け、販路開拓に取り組む創業した小規模事業者向けの「創業枠」が存在します。

この補助金の交付を受けるためには、産業競争力強化法に基づく「認定市区町村」または「認定市区町村」と連携した「認定連携創業支援等事業者」が実施した「特定創業支援等事業」による支援を公募締切時から起算して過去3年の間に受け、かつ過去3年の間に開業した事業者であることが要件となります。

令和5年9月公表の第14回公募に係る公募要領では、補助率3分の2、補助上限額200万円となっています。[157]

㋒ 特定創業支援等事業

前記㋑の要件とも関連しますが、国の認定を受けて、市区町村が連携事業者と実施する支援で、創業予定者は創業支援セミナーや個別創業面談などを受けられます。

また、これらの受講により、一定の要件を満たせば、①会社設立時の登録免許税半額軽減、②創業関連保証の利用開始月前倒し、③株式会社日本政策金融公庫の新創業融資制度・新規開業資金の融資を受けられる（ないし利率の引下げ）、④当該自治体からの補助金の交付を受けられる、などの特典があります。

詳細は各自治体あるいは当該自治体に係る本事業の実施機関に問い合わせることとなります。

㋓ ベンチャーキャピタルなどからの投資

個人事業主ではなく法人であることが前提となりますが、これも可能性の一つです。近年、起業家と出資者とをつなげるためのイベントやマッチングサービスも登場してきています。

資金調達を実現できる一方、株式の一部を第三者が保有することになりますし、基本的にはIPOやM&Aを見据えながら株式価値の最大化をめざし

---

[157] 申請スケジュールや公募要領も含め条件面は更新されていきますので、必ず小規模事業者持続化補助金事務局ウェブサイト・前掲（注156）を確認しましょう。

ていくことになりますので、エクイティファイナンスの特性を十分に理解したうえで選択することが望まれます。

　　㋔　クラウドファンディング

　近年では、誰でもインターネットを通じたクラウドファンディングで、返済不要な資金を調達することができるようになりました。

　ただし、資金を提供してくれるのは金融機関や投資家とは限らないため、見合ったリターンを提供するなどしなければ、必要な資金が集まるかどうかは不透明です。

(2)　金融の正常化のために

　再チャレンジにおいて重要なことは、債務整理に至ってしまった失敗の原因を分析し、その反省を活かした事業計画を作成することにあるといえます。それにより、関係各所から支援を受けやすくなったり、前記(1)㋐のような融資を受けやすくなる、ひいては金融の正常化を期待することもできます[158]。

　たとえば、前記(1)㋐の再挑戦支援資金の要件は次のとおりであり、参考になるでしょう。

①　廃業歴等を有する個人または廃業歴等を有する経営者が営む法人であること

②　廃業時の負債が新たな事業に影響を与えない程度に整理される見込み等であること

③　廃業の理由・事情がやむを得ないもの等であること

(3)　経営者保証ガイドライン（入口場面）

　一定の要件の下に、経営者保証なしで融資を受けられる可能性があります

158　令和6年3月8日公表の「再生支援の総合的対策」では、信用保証協会による支援の強化として、「過去に破産を経験している経営者に対しても、足下の事業計画等を踏まえて、公正な保証審査を行う」とされています。

（経営者保証ガイドライン 4(1)参照）。上記同様、開廃業率10％台をめざすための施策として位置づけられているものです。

　金融庁の令和 6 年 2 月「中小・地域金融機関向けの総合的な監督指針」のⅡ-10「『経営者保証に関するガイドライン』の融資慣行としての浸透・定着等」で、金融機関に対しても態勢の整備等が求められています。また、令和 4 年12月23日に経済産業省・金融庁・財務省から公表された「経営者保証改革プログラム」159では、後記 4 とも関係しますが、起業家が経営者保証を提供せず資金調達が可能となるよう、経営者保証を徴求しないスタートアップ・創業融資を促進するとされています。さらに、令和 5 年 8 月30日に経済産業省・金融庁・財務省から公表された「挑戦する中小企業応援パッケージ」では、経営者保証改革の促進として、時限的な保証協会の保証料負担軽減策を検討するとされているとともに、経営者保証を徴求する手続に対する監督強化などの経営者保証改革プログラムの実行と事業成長担保権の創設に向けた法案提出をめざす旨が明記されています。

　本書で念頭においている個人事業主の場合、その債務は法人の場合と異なり自身の主債務である以上、（保証）債務から解放して再チャレンジを容易にするという観点からすると、再起業にあたっては、個人事業ではなく法人化しての事業運営を検討することも考えられます。

(4)　その他専門家による支援

　第Ⅱ章で触れた、経営改善に関する相談先・支援先は、無料の相談先も多くなっています。そのため、再起業する際、あるいは再起業したばかりで資金に乏しい時期にも、大いに活用できるでしょう。160

159　金融庁・財務省ウェブサイトを参照してください。
160　そのほか、創業支援に関係する施策や情報は、独立行政法人中小企業基盤整備機構のウェブサイトを参照してください。

4　スタートアップについての国の支援

　令和3年6月18日「成長戦略実行計画」では、「ウィズコロナ・ポストコロナの世界における我が国企業のダイナミズムの復活――スタートアップを生み出し、かつ、その規模を拡大する環境の整備」がうたわれています。

　次いで、令和3年11月8日「新しい資本主義実現会議（第2回）」の「緊急提言（案）――未来を切り拓く『新しい資本主義』とその起動に向けて」において、「スタートアップを生み出し、規模を拡大する環境の整備」がうたわれています。

　さらに、令和4年1月岸田内閣総理大臣年頭記者会見では、「本年をスタートアップ創出元年として、『スタートアップ5か年計画』を設定して、スタートアップ創出に強力に取り組みます」とされました。[161]

　そして、令和4年10月14日開催の「新しい資本主義実現本部」の「第1回スタートアップ育成分科会」で示された、「『新しい資本主義のグランドデザイン及び実行計画』の実施についての総合経済対策の重点事項（抄）」においては、次の方針が掲げられています。

①　スタートアップの創業から5年以内について個人保証を徴求しない新しい信用保証制度を創設するとともに、信用保証協会への損失補償として必要な経費を措置する

②　株式会社日本政策金融公庫が行う貸付けに、スタートアップの創業から5年以内について経営者保証を求めない貸付要件を設定する。また、キャッシュフローが不足するスタートアップや、一時的に財務状況が悪化した中小企業に対する資本性ローンの継続を図る。これらのため、公庫への出資追加等を行う

③　関係省庁において、経営者保証に依存しない融資慣行の確立に向けた施策を本年（令和4年）内に取りまとめる

　このように、必ずしも本書で想定している個人事業とは合致しませんが、

161　首相官邸ウェブサイト「岸田内閣総理大臣年頭記者会見」を参照してください。

スタートアップについて、国の支援姿勢、そしてそのための施策が整備されてきています。今後、この方針に沿った新しい施策が登場してくると思われますので、情報収集が重要となるでしょう。

▼ 第Ⅳ章 ▼

個人事業主の債務整理と税務

1　再チャレンジを阻む要因

　本書では、個人事業主の債務を整理する各種方策を示し、経済的な再生（再チャレンジ）をめざしていますが、どの方策でも積極的に債務整理できないのが、税金です。

　一口に税金といっても、所得税（法人であれば法人税）や消費税、住民税、固定資産税などの公租からはじまり、社会保険料といった公課までさまざまな種類があります。公租公課は、徴税権の確保のために、他の債権に優先することになっています（一般的優先の原則。国徴8条）。

　これまでにみてきたとおり、個人事業主の場合、すべてが自分の債務となります。法人の場合、法人に納税義務がある公租公課の債務者は法人ですので、原則として個人に課税されることはなく、たとえば、法人が破産した場合でも、代表者個人に請求されることはありません。そして、代表者個人は、自らの債務（保証債務や固有債務）を整理できれば、経済的再生を図ることが可能です。ところが、個人事業主の場合、最終的に破産し、免責許可決定の確定を受けたとしても、政策的に公租公課は非免責債権（→111頁）とされていますので（破253条1項1号）、公租公課の納税義務は残ってしまいます。もちろん、その後、時の経過等で公租公課庁において回収不能として処理がなされれば請求されないことになりますが、そうでない限り請求が続き、滞納処分による差押えの可能性が残ります。

　このように、個人事業主で滞納公租公課が多額にあり、その納税が可能な財産がない場合、再チャレンジをしようにも、公租公課がそれを阻む要因となりかねないのです。

　このようなリスクが常にあることを意識しつつ、個人事業主の債務整理と税務をみていきたいと思います。

162　破産の場合を念頭においた主な税目についての説明として、野村剛司ほか『破産管財実践マニュアル〔第2版〕』（青林書院、2013年）366頁以下を参照してください。

163　野村・前掲（注149）269頁は、「パイの奪い合い（優先権との関係）」と題して、倒産手続における優先権の尊重につき説明しています。

2　法人代表者ら経営者の場合との違い

⑴　自然人（個人）の中の属性

　個人債務者を考える場合、一般的にはいわゆる「消費者」がイメージされるところですが、本書で取り上げる個人事業主は、法人格としては自然人であるとしても、事業を行う面でいえば法人と同様ですので、ここでは、事業者か非事業者で区分するのがイメージしやすいと思います[164]。

〔表9〕　事業者と非事業者の区分のイメージ[165]

事業者	法　人	法　人
	法人代表者ら	自然人 （個人）
	個人事業主	
非事業者	消費者	

⑵　法人代表者ら経営者の場合

　先ほどみた事業者と非事業者の区分のイメージでは、法人代表者ら経営者も個人事業主も同じ「事業者」に区分されますが、法的にみると違いが厳然とあることがわかります。

　すなわち、法人代表者ら経営者の場合、法人と自然人の二つの法人格が存在します。そして、法人の債務は、原則として法人の資産が引当てとなりますので、法人の債務から自然人である法人代表者ら経営者は切り離され、法人の滞納公租公課についても、法人が破産した場合、法人代表者ら経営者に請求されることはありません。

　法人代表者ら経営者は、自然人（個人）としての債務である保証債務と固

164　もちろん、個人事業主という個人債務者であっても、事業者以外の非事業者としての消費者の側面もありますが、ここではイメージしやすくするための区分という意味合いです。
165　野村編著・前掲（注115）234頁を参照してください。

有債務の債務整理ができれば、再チャレンジが可能となります。この点、金融債務の連帯保証についても、経営者保証ガイドラインを利用した保証債務の整理が普及してきました。[166]

(3)　個人事業主の場合

ところが、個人事業主の場合、法的には自然人という一つの法人格のみですので、債務のすべてが自らの債務となります。先ほどの事業者と非事業者の区分は、あくまでイメージしやすくするためのもので、実際には、個人事業主という自然人（個人）の債務の中には、事業者部分と非事業者部分があるはずですが（責任財産という意味でも同様に）、なかなかその区分や仕分けという観点は意識されていないと思われます（すべてが個人債務者の債務であり、責任財産となってしまっています）。

そして、公租公課は、破産であっても非免責債権であるため（破253条1項1号）、どの債務整理の方法でも整理できないのが実情です。そのため、再チャレンジし、収入や資産が形成されても、滞納処分される可能性があるのです（後述する①消滅時効または②滞納処分の執行停止にならない限り、滞納処分される可能性が残ります）。冒頭で指摘したとおり、再チャレンジを阻む要因になりかねないわけです。

3　法人成りした場合

本書の執筆者らは、個人事業主の再チャレンジを積極的に可能とするには、個人事業主は、事業拡大中のどこかのタイミングで法人成りし、法人の債務と法人代表者ら経営者を切り離したほうがよいのではないか、と考えています。[167]これは、経営者保証ガイドラインで求められている法人と経営者

166　経営者保証ガイドラインを利用した保証債務の整理の詳細については、野村編著・前掲（注36）を参照してください。同書は、主債務者の法人が破産となった場合でも、保証人の経営者は経営者保証ガイドラインを利用した保証債務の整理をファーストチョイスにしようと呼びかけています。

167　一般的にいわれている個人事業主から法人成りを考える際の要素にこの観点を加えていただけるとよいと思います。リスクを引き受けられる範囲であれば、個人事業主のままでも特に支障はないわけですから、

との関係の明確な区分・分離（経営者保証ガイドライン4⑴①）をめざすという意味でもあります。

　起業時には破綻時のことを考えない（せっかく始めようとしているのに、最後のことを考えるなんて縁起でもない）と言われるかもしれませんが、起業から廃業までの時系列において、破綻時、すなわち再チャレンジの可能性からさかのぼると、事業拡大中のどこかの段階で法人成りし（これを第二の創業とイメージすれば、法人成りを検討することも可能になるのではないでしょうか）、借入れを法人の債務に切り替え、経営者は連帯保証としておけば（さらにいえば、連帯保証も徴求されないなら、さらに再チャレンジしやすくなるでしょう）、仮に将来的に法人が破産となっても、経営者は経営者保証ガイドラインで保証債務の整理が可能となるわけです（法人から役員報酬をもらう立場なら、多額の公租公課が残る可能性は低いと思われます）。

　しかし、法人成りせず、個人事業主のままでいるほうが多いのが現実でしょう。この点、法人成りを阻害する、または躊躇する要因があるのか、逆にいえば、個人事業主であり続けたほうがよいのか、気になるところです。[168]

コラム

再チャレンジの可能性も法人成りの考慮要素に

　個人事業主から日々税務につき相談を受ける税理士・公認会計士には、個人事業主から法人成りを検討する際の考慮要素に、再チャレンジの可能性も入れていただきたいと思うところです。破綻時（再チャレンジ）からの逆算は、なかなか思いつかないかもしれませんが、普及が進む経営者保証ガイドラインで求められている法人と経営者との関係の明確な区分・分離をめざす観点からしても、法人成りはむしろ望ましい姿、かつ再チャレンジの可能性を考えた場合の現実的な選択肢であることをご理解いただけるのではないかと思います。

程度問題であると思いますが、これまでになかった視点として指摘した次第です。
168　法人成りのメリットの一つであった消費税の免税事業者のしくみについては、令和5年10月からインボイス制度が始まったこともあり、メリットではなくなったといえるでしょう。

4　私的整理と税務

⑴　公租公課全額の弁済を前提とする

　私的整理においては、基本的に金融機関債権者のみを対象債権者とします
ので、一般債権に優先する公租公課を全額弁済できることが前提となります。

　清算価値保障の観点でいえば、破産の場合との比較の関係で、破産では破
産手続開始決定を基準に区切りをつけ、優劣（財団債権、優先的破産債権、劣
後的破産債権、破産手続外となる非財団債権・非破産債権）を決めていますが、[169]
私的整理の場合、特に基準がありません（仮に基準日を設けたとしても、暦年
課税との関係では基本的に一致しないことになります）。この点、弁済原資が限
られた事案の場合に、どこまで優先して公租公課を弁済する計画にするのか
は、事案ごとに検討するほかないでしょう。

　なお、滞納公租公課がある中で私的整理を行うには、公租公課庁との分納
協議が必要となります。その際、延滞税・延滞金の発生についても注意します。

⑵　暦年課税との関係

　私的整理の場合、税務申告に影響はありませんので、従前どおり暦年課税
で確定申告を行い、納税することになります。税金には切れ目がないといえ
るでしょう。

　その意味では、私的整理において資産を譲渡した場合には、譲渡所得を認
識するのが原則ですが、資力喪失状態（「資力を喪失して債務を弁済すること
が著しく困難である場合」（所得9条1項10号）。後記⑶の債務免除益課税との関
係も参照）での資産譲渡の非課税扱いがあります。この点、たとえば、私的
整理前の資産譲渡時の譲渡所得税の取扱いは、これに該当するか否かの検討
を行ったほうがよい場合もあり、その際は税理士に相談したほうがよいで
しょう。そのうえで、非課税所得に該当しない場合は、通常どおり譲渡所得

169　野村ほか・前掲（注162）358頁以下を参照してください。

税の課税がありますので（住民税等にも影響します）、納税資金の手当ても考慮する必要があります。

（3）　債務免除益課税との関係

　破産法の規定による破産手続開始の申立てまたは民事再生法の規定による再生手続開始の申立てをしたならば、破産法の規定による免責許可の決定または民事再生法の規定による再生計画認可の決定がされると認められるような場合、「資力を喪失して債務を弁済することが著しく困難である場合」と判断されますので、免責許可の決定等により債務免除を受けた場合の経済的利益を総収入金額に算入しません（所得44条の2第1項、所得税基本通達44の2-1）。私的整理の債務者も通常これに該当し、債務免除益課税はないものと考えられています。また、債権者が個人の場合も、「債務者が資力を喪失して債務を弁済することが困難である場合」に債務免除を受けたときは、債務弁済困難部分の金額は贈与による取得とはみなされないことから、贈与税の課税はないものと考えられています（相続8条ただし書、相続税法基本通達7-4・8-4）。

　なお、損失の繰越分に相当する分は総収入金額に算入されるため（所得44条の2第2項5号）、その後の年度に損失を繰り越すことができません。

（4）　個人事業主の第二会社方式との関係

　法人の私的整理において、第二会社方式は多く利用されており、基本的には、私的整理成立後に株式会社を解散し、特別清算により債務免除を受けることで債務免除益に対応するなど、対処法は確立しているといえるでしょう。この点、個人事業主においても第二会社方式による処理がありうるところですが、法人の場合と異なり、譲渡する対象により所得の種類が異なるため、注意を要します。[170]

170　個人事業主の第二会社方式につき詳細に検討したものとして、賀須井章人『はじめての人のための中小企業の事業再生と税務の基礎Q&A』（税務経理協会、2021年）108頁以下を参照してください。

5　民事再生と税務

(1)　公租公課全額の弁済が前提

　法的整理のうち民事再生（通常再生、個人再生）においては、公租公課は一般優先債権または共益債権となり、再生債権に優先して全額弁済することが前提となります。

　そのため、再生手続開始申立ての段階で滞納公租公課がある場合、公租公課庁との分納協議が必要となります。

　収益弁済型の再生計画案を立案する中で、弁済期間中の公租公課は再生債権に優先して弁済することになります。

(2)　暦年課税との関係

　民事再生の場合、税務申告に影響はありませんので、従前どおり暦年課税で確定申告を行うことになります。

(3)　債務免除益課税との関係

　債務免除益課税との関係では、私的整理と税務で指摘したとおり、破産法の規定による破産手続開始の申立てまたは民事再生法の規定による再生手続開始の申立てをしたならば、破産法の規定による免責許可の決定または民事再生法の規定による再生計画認可の決定がされると認められるような場合、「資力を喪失して債務を弁済することが著しく困難である場合」と判断され、免責許可の決定等により債務免除を受けた場合の経済的利益を総収入金額に算入しませんので（所得44条の２第１項、所得税基本通達44の2-1）、債務免除益課税はありません。また、債権者が個人の場合も同様に、贈与税の課税はありません（相続８条ただし書、相続税法基本通達7-4・8-4）。

　なお、民事再生や破産で買掛債務の免除を受けた場合、その年の損失分に相当する分は総収入金額に算入されますので（所得44条の２第２項２号）、翌

年分以降に繰り越せません（同項5号については、私的整理で指摘したとおりです）。

6 破産と税務

(1) 破産手続における取扱いと非免責債権

　法的整理のうち破産においては、公租公課は財団債権または優先的破産債権となり、破産手続開始後の滞納処分は禁止され、破産財団から弁済または配当を受けることになります。ただ、この取扱いは破産手続との関係にすぎず、破産手続後の免責手続において、非免責債権とされていますので（破253条1項1号）、免責許可決定確定後であっても、全額弁済すべき義務が残ります。

　まず、破産手続における取扱いとしては、破産手続開始決定を区切りとして、財団債権、優先的破産債権、劣後的破産債権、破産手続外の非財団債権・非破産債権の切り分けがなされます。破産手続内では、破産手続開始決定を基準に優先順位を定めていますので、他の債権との優劣があります。ただ、この点は、あくまで破産手続における配当との関係におけるものです。また、破産手続外の非財団債権・非破産債権となると、破産財団からの弁済または配当がありません（逆にいえば、破産者に納税義務が残るという意味です）。

　次に、免責との関係では、非免責債権とされていますので（なお、財団債権に該当する場合、そもそも免責の問題ではなく、債務は残ります）、破産手続において弁済または配当されなかった滞納公租公課の納税義務は破産者であった個人債務者に残ることになります。

(2) 暦年課税との関係

　個人債務者の破産の場合、税務申告については、破産管財人ではなく、個

人に申告義務が残りますので、原則として従前どおり確定申告を行うこと[171]になります（法人の場合と大きく異なる点です）。

　この点、破産管財人の換価作業で発生した消費税の納税のために、破産手続の進行との関係で申告納付の時期を前倒ししたりする工夫の余地があります[172]。税務署や税理士に相談したほうがよいでしょう。

　なお、破産管財人の換価作業により譲渡所得が生じた場合であっても、資力喪失状態における破産手続による財産の換価として譲渡所得税は非課税となります（所得9条1項10号、国通2条10号）。

(3)　債務免除益課税との関係

　免責許可決定確定の効果との関係では、債務免除を受けるものではありませんが、これまで指摘したとおり、破産法の規定による破産手続開始の申立てまたは民事再生法の規定による再生手続開始の申立てをしたならば、破産法の規定による免責許可の決定または民事再生法の規定による再生計画認可の決定がされると認められるような場合、「資力を喪失して債務を弁済することが著しく困難である場合」と判断され、免責許可の決定等により債務免除を受けた場合の経済的利益を総収入金額に算入しませんので（所得44条の2第1項、所得税基本通達44の2-1）、債務免除益課税はありません。

　また、債権者が個人の場合も同様に、贈与税の課税はありません（相続8条ただし書、相続税法基本通達7-4・8-4）。

7　公租公課の最終的な処理

(1)　最終的な処理の可能性

　これまで、破産においても滞納公租公課は免責されない（非免責債権）と

171　破産管財人には申告義務はありませんが、税務申告を行うことにより還付を受けられる場合には、破産管財人が関与することにつき、野村ほか・前掲（注162）398頁を参照してください。

172　野村編著・前掲（注115）157頁〔中川嶺発言〕、川畑正文ほか編・前掲（注105）405頁を参照してください。

指摘してきましたが、公租公課庁としても、法律上の根拠に基づく最終的な処理の可能性があります。

　大きくは、①消滅時効と②滞納処分の執行停止があると思われます。

　このほかにも、住民税等で減免を受けられる場合もありますので、各役所に相談されたほうがよいでしょう。

（2）　消滅時効

　国税および地方税の徴収権は、原則として法定納期限から5年間行使しないことによって時効により消滅します（国通72条1項、地税18条1項）。この消滅時効については、時効の援用を要しません（国通72条2項、地税18条2項）。ただし、時効の完成猶予および更新があり得ます（国通73条、地税18条の2）。

　地方税の中には、時効期間が2年とされているものもあります。

（3）　滞納処分の執行停止

　消滅時効とは別に、滞納処分の執行停止により納税義務が消滅する場合があります（国徴153条1項、地税15条の7第1項）。

　滞納処分の執行停止ができる三つの場合は、①「滞納処分の執行をすることができる財産がないとき」（国徴153条1項1号）、②「滞納処分の執行をすることによつてその生活を著しく窮迫させるおそれがあるとき」（同項2号）、③「その所在及び滞納処分の執行をすることができる財産がともに不明であるとき」（同項3号）です。このうち、②の生活窮迫について生活保護レベルを想定するとした場合、その要件は厳しいものとなると思われます。

　そして、この執行停止が3年間継続した場合は、納税義務が消滅します（国徴153条4項、地税15条の7第4項）。

8　個人事業主の債務整理のあり方

　個人事業主の債務整理についても、企業の場合と同様、早い段階から相談があり、選択肢がある中で手続選択ができればよいのですが、資金繰りに窮した段階の相談では、とりうる選択肢も限られてきますし、個人債務者にとっては実質的な再建型といえる破産も、滞納公租公課が非免責債権として残るため、再チャレンジを阻む要因となりかねません。

　日々の資金繰りの中で、公租公課の納税分も確保し、滞納公租公課が多額とならないよう目配りしておくことも大切な観点となるでしょう。この点、公租公課の納税は、破産における偏頗行為否認の対象とはなりませんので（破163条3項）、この規律を理解して行動したほうがよいでしょう。

　やはり、最後の姿を知ることにより、手前の段階で何が可能か、各種選択肢を検討することが肝要かと思います。

　また、個人事業主は、事業者でありながら、法人格としては一人の自然人（個人）のため、事業主部分と非事業主部分を区分することなく取り扱われることになりますが、事業主部分と非事業主部分がある実態を考慮した処理が望まれます。

事 項 索 引

著 者 紹 介

■編著者

野村　剛司（弁護士）

平成 5 年東北大学法学部卒業。平成10年弁護士登録（大阪弁護士会）。平成15年なのはな法律事務所開設。令和 5 年から日本弁護士連合会倒産法制等検討委員会副委員長、令和 4 年から全国倒産処理弁護士ネットワーク専務理事。平成26年から28年司法試験考査委員(倒産法担当)。共著として、『破産管財実践マニュアル〔第 2 版〕』(青林書院)、『法人破産申立て実践マニュアル〔第 2 版〕』(青林書院)、『実践フォーラム破産実務』(青林書院)、『民事再生実践マニュアル〔第 2 版〕』(青林書院)、『未払賃金立替払制度実務ハンドブック〔第 2 版〕』(独立行政法人労働者健康安全機構賃金援護部審査課協力、金融財政事情研究会)、『実践経営者保証ガイドライン〔補訂版〕』(青林書院)、『基礎トレーニング倒産法〔第 2 版〕』(日本評論社)、『倒産法講義』(日本加除出版) ほか多数。単著として、『倒産法』(青林書院)、『倒産法を知ろう』(青林書院)。

〒530-0047　大阪府大阪市北区西天満4－3－4　御影ビル 2 階
なのはな法律事務所
TEL：06-6311-7087　FAX：06-6311-7086

■執筆者

今井　丈雄（弁護士）

〒260-0021　千葉県千葉市中央区新宿2－2－9　ひぐらしビル201
今井法律事務所
TEL：043-241-8509　FAX：043-241-8613

大西　雄太（弁護士）

　〒105-0013　東京都港区浜松町1－12－11　丸芝ビル5階

　大西綜合法律事務所

　TEL：03-5473-0691　FAX：03-5473-0527

森　　智幸（弁護士）

　〒700-0818　岡山県岡山市北区蕃山町3－7　両備蕃山町ビル8階

　岡山ひかり法律事務所

　TEL：086-223-1800　FAX：086-223-1811

浅井　悠太（弁護士）

　〒604-8166　京都府京都市中京区三条通烏丸西入御倉町85－1　KDX烏丸ビル8階

　浅井法律事務所

　TEL：075-241-0571　FAX：075-241-0572

木下　清午（弁護士）

　〒980-0812　宮城県仙台市青葉区片平1－2－38　チサンマンション青葉通り905

　花咲み法律事務所

　TEL：022-215-0303　FAX：022-215-0301

丸島　一浩（弁護士）

　〒272-0033　千葉県市川市市川南1－9－23　京葉住設市川ビル5階

　弁護士法人リバーシティ法律事務所

　TEL：047-325-7378　FAX：047-325-7388

尾田　知亜記（弁護士）

　〒450-6323　愛知県名古屋市中村区名駅1－1－1　JPタワー名古屋23階

　弁護士法人しょうぶ法律事務所

　TEL：052-561-5550　FAX：052-561-7770

冨田　信雄（弁護士）

　〒541-0041　大阪府大阪市中央区北浜2－5－23　小寺プラザ12階

　弁護士法人関西法律特許事務所

　TEL：06-6231-3210　FAX：06-6231-3377

個人事業主とフリーランスの債務整理ハンドブック

2024年5月21日　第1刷発行

編 著 者　野村　剛司
発　　行　株式会社　民事法研究会
印　　刷　藤原印刷株式会社

発 行 所　株式会社　民事法研究会
　　　　　〒150-0013　東京都渋谷区恵比寿 3-7-16
　　　　　〔営業〕　TEL 03(5798)7257　FAX 03(5798)7258
　　　　　〔編集〕　TEL 03(5798)7277　FAX 03(5798)7278
　　　　　http://www.minjiho.com/　info@minjiho.com

落丁・乱丁はおとりかえします。　　　　ISBN978-4-86556-618-5
カバーデザイン：関野美香